校园小足球多元活动体系的构建与应用

杨建民 ◎ 著

XIAOYUAN XIAOZUQIU
DUOYUAN HUODONG TIXI DE
GOUJIAN YU
YINGYONG

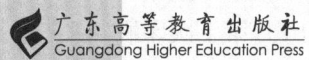

·广州·

图书在版编目（CIP）数据

校园小足球多元活动体系的构建与应用/杨建民著. —广州：广东高等教育出版社，2020.10

ISBN 978-7-5361-6538-0

Ⅰ.①校… Ⅱ.①杨… Ⅲ.①足球运动-教学研究-小学 Ⅳ.① G623.82

中国版本图书馆 CIP 数据核字（2019）第 171077 号

出版发行	广东高等教育出版社
	地址：广州市天河区林和西横路
	邮编：510500　营销电话：（020）87553735
	网址：www.gdgjs.com.cn
印　刷	广东鹏腾宇文化创新有限公司
开　本	787 mm×1 092 mm　1/16
印　张	15.25
字　数	325 千
版　次	2020 年 10 月第 1 版
印　次	2020 年 10 月第 1 次印刷
定　价	38.00 元

序 一

每个体育人的心中都有一个足球梦，它以无法抗拒的魅力吸引着越来越多的孩子们去编制、去筑梦情缘，它赋予现实的意义不仅仅是竞技体育那么简单。

作为杨建民广东省名师工作室指导专家，2018年年初，我应邀参加了杨建民老师主持的广东省校园足球专项课题"多元化校园足球竞赛体系的校本构建与实践研究"，在审阅课题资料时，发现课题研究方案、调查报告、活动设计与教学案例琳琅满目，我和专家组成员都感到非常惊喜：课题组通过课题研究的方式营造了浓厚的校园足球氛围，培养了学生参与足球活动的兴趣，让学生养成积极锻炼的习惯，促进了学生的健康成长；并将培养学生足球的基本技能与多元化的竞赛体系开发有机地结合起来，通过"运动认知、运动技能、运动情感、社会适应"四个方面的目标，围绕学校的办学思想，有效运用资源，将竞技与普及相结合，具有创新性，符合时代要求，为校园足球的研究打开新的视野。内容贴近教学、贴近现实，不好高骛远，的确是踏踏实实在做研究。我当即建议杨建民老师在结题会后把有关校园足球教学类、娱乐类、竞技类等多元化校园足球竞赛体系构建完善，整理成册出版，让更多的学校、老师和孩子们受益。没想到3个月后，杨建民老师就拿着厚厚的一本《校园小足球多元活动体系的构建与应用》书稿，让我提提意见，并邀请我写序。我惊叹杨老师的执行力，欣然许诺的同时又有点忐忑：其一，"序"在古代是惜别赠言的文字，多是对于所赠亲友的赞许、推重或勉励之辞，如今是说明作者出版意旨以及对作家作品的评论；其二，杨老师的"江湖"地位高，在全省乃至全国拥有强大的"粉丝团"。因此，我担心自己文采不好而不能表述到位。但看着这一份"沉甸甸"的书稿，我似乎看到了体育教师们为校园足球事业的付出，而作为其中的一员，我备感亲切和骄傲，也愿意与大家分享自己以下的感受。

一片绿茵，就是一个世界，小小足球能够反映梦的坚定，
请你走进《校园小足球多元活动体系的构建与应用》，她为你开启智慧的天窗。

一则教学小游戏，积聚着大理念，探索着教法的魅力，
请你走进《校园小足球多元活动体系的构建与应用》，她让你领略大师的风采。

一则娱乐小游戏，赋存着大旨趣，传达着时代的信息，
请你走进《校园小足球多元活动体系的构建与应用》，她让你感受快乐的时光。

一则亲子小游戏，蕴含着大道理，浓缩着生命的真谛，
请你走进《校园小足球多元活动体系的构建与应用》，她让你体会家人的温暖。

一则竞技小游戏，储藏着大真理，引领着课堂的潮流，
请你走进《校园小足球多元活动体系的构建与应用》，她让你领悟赛场的意义。

言语精辟、论据充足、信手拈来、引人入胜，是《校园小足球多元活动体系的构建与应用》的特色。

寓教于乐、深入浅出、因材施教、受益良多，是《校园小足球多元活动体系的构建与应用》的情怀。

走进《校园小足球多元活动体系的构建与应用》，就如同走进学习的旅程，细细品味书香带来的快乐。

走进《校园小足球多元活动体系的构建与应用》，就如同走进快乐的时光，享受知识殿堂带来的幸福。

当前，举国上下都在推广校园足球，足球运动在校园蔚然成风，越来越多的孩子投身到校园足球活动中，校园足球文化深入人心，校园足球普及的功能得到最大体现。我们坚信，只要学生有兴趣，教师方法得当，让体育真正回归育人本质，就一定能成功。作为一名常年耕耘在体育教育第一线的老教师，杨老师无论从实践还是教学方面都积累了相当丰富的足球经验，这一专著应时而出，定会对广大体育工作者及青少年足球爱好者提高学练水平、扩大视野、提升境界起到积极的作用，为校园足球健康发展提供新的思路和经验。

广东省正高级教师
广东省特级教师 李萍
2019年5月18日于中山金字山

序 二

第一次看老杨（杨建民）上课，我就被吸引住了，原来课堂组织活动可以这么多、这么有序、这么有趣。那是20年前我们一起参加广东省首届体育观摩评比活动，中山市就我俩参加决赛，他代表小学参赛，而我则代表中学参赛。准备期间，我总是感觉自己欠缺很多东西，心里一直在打鼓，于是鼓足勇气向老杨请教，他很热情也很睿智，三言两语，连说带画，让我豁然开朗。当时我在黄圃区，他在石岐区，交通不便，我们只好用电话沟通。那段时间我不停地"骚扰"他，刷新了我通话次数的记录，通话时间每次都在一小时以上，但他总是不厌其烦、毫无保留地将想法告诉我，还说怎么取舍让我自己决定，这让我非常的受用。

老杨是专业武术运动员出身，曾获得省级比赛的冠军。我更惊喜的是，他在课堂上的点子多、方法多、亲和力强，更关键的是内容有趣、实效，能让孩子们迅速进入他设置的场地，和他一起"疯狂"。我很想知道为什么，他能够如此的潇洒自如。他说他从小在剧团旁边长大，经常去看样板戏。有时候人手不够，他就会打打下手、跑跑龙套。有个故事让我印象深刻。当时演样板戏，人人都崇尚英雄，他很想演杨子荣，但身高不够，只好在家里刻苦练习，大热天也穿着一件大氅。有一次他躲在厨房里练习，十分投入，忘了其他存在，一个潇洒的转身，只听到哗啦啦，没来得及得意，便知大事不妙。他脱下大氅，老老实实整理厨房，还好不久厨房就恢复原样。

在中山市实验小学，他的知名度比校长高，因为很多学生不认识校长，但几乎都认识杨老师，因为他总是在集会上指挥大家，声音铿锵有力，动作干脆利索，加上他的脸上总挂着笑容，看起来亲切和善，孩子们都想和他亲近。

从那次参加比赛以后，我们就成了好朋友。两年以后我调到中山市华侨中学，2003年参加全国体育教学评比，我特别向学校申请由老杨做我的教练，因为有他在，

我心里特别踏实。我们成了无话不谈的好朋友，但谈的话题三句话不离本行，全都是体育之事。后来李涛加入，我们讨论的问题更加深入、更加广泛，泡一杯茶的时间，便是一节课、一个活动策划。那种感觉奇妙无比，再后来我们各自在岗位上、在各级评比中都取得了不俗的成绩，于是被中山市教育局局长称作"中山体育三剑客"。从此，"中山三剑客"便成了我们共同的称谓。

我是老三，在这两个"哥哥"身上有学不完的东西，我一直学习着，后来他们又成了儿女亲家，这是亲上加亲。关系的融洽，更让我们文思泉涌，对有些问题的思考更加的深刻。当下，校园足球在如火如荼地开展。在这火爆的场面背后，老杨在深入地思考：教师如何做才能使校园足球课程更加实用而有实效。经过多年的思考和积累，他用行动给出了答案：以多种形式呈现，让更多的孩子参与，保持兴趣，这是校园足球可持续发展的源泉；小型多样、形式灵活的比赛体系是校园足球发展的灵魂。做自己，保持清醒，回到原点，思考我们为什么出发，这是校园足球需要的，也是我们整个教育体系需要的。

向老杨学习。

广东省正高级教师
广东省特级教师
2019年6月17日于中山

前言

遵照全国青少年校园足球工作的相关意见，为提供优质的校园足球参考教材，笔者撰写了这本校园小足球多元活动体系的专著。

本书根据当前校园足球发展的背景和小学校园足球发展的实际情况，在参考了大量活动性足球范例编写的基础上撰写而成。本书内容包括理论和实践两大部分。理论部分主要阐述了校园小足球多元活动体系构建的背景、目的与意义、原则及注意事项等，实践部分有教学、竞技、娱乐、亲子、个人晋级五类活动体系75个范例，其中每5个范例分别适用于不同水平阶段的学生活动。书中范例概括全面，插图形象生动，适合广大一线体育教师、校园足球教练员、社区足球嘉年华活动组织者参考使用。

本书的范例素材来源于一线体育课堂，在实践中已得到广泛运用，书中配图丰富，符合学生的身心特点，使优质的足球课堂场景跃然纸上。编者在撰写过程中难免出现疏漏，恳请各位同行在使用过程中提出宝贵的修改建议，以便今后进一步提高。

目 录

第一部分 校园小足球多元活动体系的理论构建

第一章 校园小足球多元活动体系的背景依据 …………… 3
- 一、提出背景 ……………………………………………… 3
- 二、理论依据 ……………………………………………… 5

第二章 构建校园小足球多元活动体系的目的与意义 …… 7
- 一、构建校园小足球多元活动体系的目的 ……………… 7
- 二、构建校园小足球多元活动体系的意义 ……………… 7
- 三、校园小足球多元活动体系构建的基本原则 ………… 8
- 四、文献陈述 ……………………………………………… 10

第三章 校园小足球多元活动体系内容构建 ……………… 16
- 一、校园小足球教学类活动体系 ………………………… 16
- 二、校园小足球竞技类活动体系 ………………………… 17
- 三、校园小足球娱乐类活动体系 ………………………… 17
- 四、校园小足球亲子类活动体系 ………………………… 18
- 五、校园小足球个人晋级类活动体系 …………………… 19

第二部分　校园小足球多元活动体系的实践范例

第四章　校园小足球教学类活动体系实践范例……23
第一节　"双脚交替踩球"教学活动……24
第二节　"脚内侧拨球"教学活动……27
第三节　"脚背外侧运球"教学活动……29
第四节　"脚内侧传接球"教学活动……32
第五节　"脚内侧踢球"教学活动……35
第六节　"行进间踩球"教学活动……38
第七节　"正脚背踢球"教学活动……41
第八节　"脚内侧运球"教学活动……44
第九节　"正脚背停球"教学活动……47
第十节　"运球绕杆"教学活动……50
第十一节　"脚内侧踢空中球"教学活动……53
第十二节　"运球过人"教学活动……56
第十三节　"脚内侧停空中球"教学活动……59
第十四节　"运球绕杆射门"教学活动……62
第十五节　"颠球"教学活动……65

第五章　校园小足球竞技类活动体系实践范例……69
第一节　一分钟双脚交替踩球……70
第二节　"双脚脚掌交替推球"迎面接力……72
第三节　"双脚脚掌交替拉球"迎面接力……74
第四节　"点球大战"……76
第五节　"你追我赶"……78
第六节　"谁是传球王"……80
第七节　"分秒必争"……82
第八节　"谁是射手王"……84
第九节　"对墙踢反弹球"……86

第十节 "保龄球大战" …………………………… 88

　　第十一节 "环游中国" …………………………… 90

　　第十二节 "黄金矿工" …………………………… 92

　　第十三节 "击保龄球" …………………………… 94

　　第十四节 "单枪匹马" …………………………… 96

　　第十五节 "一击即中" …………………………… 98

第六章　校园小足球娱乐类活动体系实践范例…………… 100

　　第一节 "做文明小公民" ………………………… 101

　　第二节 "争移动的城堡" ………………………… 103

　　第三节 "运球大作战" …………………………… 105

　　第四节 "速度达人" ……………………………… 108

　　第五节 "奔跑的彩带" …………………………… 110

　　第六节 "你中有我，我中有你" ………………… 112

　　第七节 "穿越时空" ……………………………… 114

　　第八节 突破 "封锁线" …………………………… 116

　　第九节 "争夺营地" ……………………………… 118

　　第十节 "爱心传递" ……………………………… 120

　　第十一节 "爱心传递对对碰" …………………… 122

　　第十二节 "传送带" ……………………………… 124

　　第十三节 叫号接球 "击人" ……………………… 126

　　第十四节 "烫脚的山芋" ………………………… 128

　　第十五节 "穿越封锁线" ………………………… 130

第七章　校园小足球亲子类活动体系实践范例…………… 132

　　第一节 "亲子运球" ……………………………… 133

　　第二节 "熊出没" ………………………………… 137

　　第三节 "猛龙过江" ……………………………… 141

　　第四节 "足式保龄球" …………………………… 145

　　第五节 "足球嘉年华" …………………………… 148

第六节 "百步穿杨" ……………………………………… 152

第七节 "亲子对抗赛" …………………………………… 155

第八节 "头头是道" ……………………………………… 158

第九节 "我的足球我做主" ……………………………… 161

第十节 "无球胜有球" …………………………………… 163

第十一节 "亲子足球联赛" ……………………………… 165

第十二节 "百发百中" …………………………………… 167

第十三节 "传接球" ……………………………………… 170

第十四节 "夹球者疯狂" ………………………………… 173

第十五节 "运球最有味" ………………………………… 176

第八章 个人晋级类活动体系参考 ………………………… 179

第三部分 校园小足球竞赛规则和器材介绍及运用

第九章 校园小足球器材介绍及运用 …………………… 195

附录：校园小足球竞赛规则（仅供参考） ……………… 217

参考文献 ………………………………………………………… 228

后　记 …………………………………………………………… 229

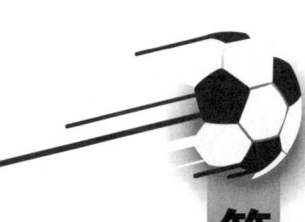

第一部分

校园小足球多元活动体系的理论构建

第一章
校园小足球多元活动体系的背景依据

一、提出背景

1. 开展校园足球活动具有重要的战略地位

"校园足球"是党的第十八次全国人民代表大会以来我国体育事业改革发展中的一大关键词。2015年3月,国务院办公厅印发的《中国足球改革发展总体方案》,将"改革推进校园足球发展"作为一项专门任务和内容予以了明确。由此可见,在一定程度上,校园足球已被提升到了国家战略层面,并成为我国建设体育强国,实现体育强国梦和中国梦的一项重要任务。

综观校园足球兴起和发展,国家都予以了高度的重视和大力的支持。2009年4月,国家体育总局和教育部联合召开全国青少年校园足球工作会议,发布了《关于开展全国青少年校园足球活动的通知》及相关实施方案,正式启动"全国青少年校园足球工程"。2010年12月,全国青少年校园足球工作会议召开并出台了《中国青少年足球"十二五"发展草案》。2013年2月,国家体育总局与教育部联合发布了《关于加强全国青少年校园足球工作的意见》,并于2013年5月完成了《全国青少年校园足球中长期发展规划(草案)》。2014年7月,原教育部部长袁贵仁在全国学校体育工作座谈会上指出:"力争校园足球取得重大突破……用3年时间把校园足球定点学校的规范由目前的5 000余所扩展到2万所。"2014年11月底,国务院召开青少年校园足球工作电视电话会议,刘延东同志对校园足球工作做出重要指示,强调"要认真学习贯彻习近平总书记、李克强总理关于抓好青少年足球、加强学校体育工作的重要指示精神,推进校园足球普及,夯实国家足球事业人才基础"。2012年11月,国家体育总局提出将每年对校园足球的拨款从4 000万元增至5 600万元,以此助推校园足球事业的发展。在此背景下,我国校园足球活动已经在49个国家级布局城市,3个试点县,

8个省（浙江、甘肃、陕西、江苏、四川、河北、广东、江西）57个省级布局城市开展，5 022所大、中、小学，270万名学生参与到此项活动中来。自2015年起，全国各地开始遴选校园足球特色学校，截至2019年综合认定并命名了24 126所校园足球特色学校，并在全国各级学校中形成了高速发展的前所未有的足球发展态势。《中国足球改革发展总体方案》明确指出，全国校园足球特色学校的数量预计到2025年将达到5万所，满足"足球人口"衡量标准的学生数量将达到2 000万人。可见，校园足球活动的开展已上升至国家战略高度。

2. 开展校园足球活动具有改善学生体质的重要作用

1985年至2014，我国共进行的6次青少年体质健康调查结果显示，近30年来，我国青少年学生身体素质在不断下滑，超重及肥胖检出率呈不断上升趋势，身体形态由过去营养不良的"豆芽"形，转变为营养过剩并缺少锻炼导致的"土豆"形。此外，学生的体质体能发展也不均衡。我国城乡学生的身高、体重发育水平虽然呈现出不断上升的趋势，但其肺活量和肺活量/体重指数在30年间总体上却一直呈现下降趋势。同时，学生的肥胖率日趋增长，心肺功能下降，运动能力减弱，视力不良检出率攀升至世界前列。中国健康促进与教育协会公布的《2015年中国青少年体质健康调查报告》数据显示，我国青少年学生每周运动时长不足2小时，目前仅37.2%的青少年体重处于正常范围之内，接近20%的青少年达到超重或肥胖状态。北京师范大学博士生导师毛振明先生将我国青少年学生的体质特征概括为：硬——关节硬；软——肌肉软；笨——动作不协调。

足球运动作为一项身体素质训练较强的体育项目，具有整体性、对抗性、易行性等特点。青少年学生经常参加足球活动，能够有效提高速度、力量、耐力、柔韧等身体素质，改善身体高级神经活动，增强呼吸系统、心血管等系统的功能，能有效促进青少年身体的健康发展。此外，足球运动中所蕴含的体育精神，能够培养青少年的集体荣誉感和集体协作能力，锻炼青少年顽强拼搏、勇于担当、坚韧不拔的良好意志品质。可见，足球运动不仅有助于增强学生的体质，也有助于培养学生的精神品质，能够促进青少年身心的全面发展。

3. 当前校园足球活动开展的现实困境

从2015年起，全国各地开始遴选青少年足球特色学校，中山市实验小学则被遴选为首批全国青少年足球特色学校。作为足球特色学校，中山市实验小学开展了各类校园足球活动，对学校足球场地进行了改造升级，引进了专业的足球教师，组织体育教师研究了各种版本的足球教材，并选择了适合的内容制订了校本教学计划。经过近几年的不懈努力，研究者看到了足球运动在校园中的普及和发展，但同时也发现了一些存在的问题。

第一，校园足球的开展受限。这主要表现在教学覆盖面有限，无法保证所有的班级都有充足的教学时间。中山市实验小学目前有43个教学班，但只有一个足球场，这一场地条件无法满足每班每周进行一节足球训练课。

第二，学生的参与度有待提高。从目前开展的各类校园足球活动，如班级联赛、足球课、大课间来看，积极参与足球运动的人数增长较慢，感兴趣的学生人数有限，较大部分学生的学习兴趣和积极性不够。

第三，学生的足球技术进步缓慢。目前，学生学习足球技术仅仅依靠体育课，而体育课的教学时间有限，任何一项技能的掌握都需要大量的练习，尽管学生在课堂已经学习了足球技能，但在实际运用中却掌握不够，足球技术能力的提升依然很慢。

虽然当前校园足球活动收效并未达到理想化，但开展校园足球活动依然是推动校园足球活动一个非常重要的方式。丰富多彩的活动能够吸引更多的学生参与到校园足球活动中来，为个人和班级争得荣誉；以个人或团体的形式组织活动，能让更多的老师和家长关注并支持校园足球活动。校园足球活动能激发学生在课外进行更多练习，客观上增加了训练密度和训练量，因而有利于提升学生的足球技术和身体素质。此外，校园足球活动能够进一步提高学生参与校园足球的兴趣，培养他们应对挑战的心理素质，增强自我认同感及其他正面的情绪体验。因此，校园足球活动如果能充分发挥效益，它的开展形式将会更丰富，组织管理和实施也将会更科学，并且能更有效地推动校园足球活动的可持续发展。

可见，进一步加强校园足球活动的设计、策划、组织及实施将有利于解决以上问题。

二、理论依据

1. 一系列国家上层决策的引领为校园足球的发展提供了政策保障

从我国各项事业的蓬勃发展态势可以看出，政策保障是决定事业发展的强心剂。校园足球的强势推进也是如此。从2009年国家体育总局与教育部联合下发《关于开展全国青少年校园足球活动的通知》及其实施方案，到2015年《中国足球改革发展总体方案》的颁布，都预示着一种势在必行的改革力量在推动着中国足球事业的发展，校园足球也成为中国足球事业的重中之重，校园足球成为中华人民共和国成立以来由两部委首次就一个单项体育运动联合发文进行全面推广的一项活动。因此，可以说中国足球的发展上升为"国家战略"的布局，为了亿万中国青少年的身心健康发展，为了中国教育事业的又一次发力起航，以校园足球为代表的中国体育事业进入了一个崭新的发展时期。

2. 足球运动的文化价值传播形成校园体育运动文化的依据

足球是一种文化、一种精神，是社会文化中重要的组成部分。足球运动风靡全世

界，其集全身性、综合性、集体性等竞技体育项目特点于一身。第一，足球运动在促进身心健康发展方面有着无法替代的价值，从足球运动所需的体能来看，它几乎涵盖了所有有效发展体能的内容；第二，健康有序的足球运动能有效地促进活动者在观察力、记忆力、想象力、创造力等方面的发展起到积极的正向作用，在培养足球运动参与者的勇敢拼搏、顽强进取、不断向前的意志品质，以及团结协助、敢于承担等良好道德品质的塑造方面提供了基础，在树立正确人生观、价值观方面也起到了重要的推动作用；第三，足球运动需要每一位运动参与者有极强的社会适应能力和人际交往能力，足球运动一定是在公平、激烈竞争、遵守规则的环境下才能良好发展，所以，经常参与足球运动对增加人际交流的机会，帮助人与人之间进行协助，提高运动参与者的社会适应能力，促进个体健康地发展提供了基础。《国家中长期教育改革和发展纲要（2010—2020年）》提出：把促进学生健康成长作为学校一切工作的出发点和落脚点。无论是从促进身体健康的角度，还是从促进心理健康发展的角度，或者是从提高学生社会适应能力的角度来看，足球运动在校园的全面开展，能为青少年培养体育基本权利、规划社会适应能力、协同身心发展等方面体现其应有的价值。

3. 以足球运动推动社会发展的大众内需以及学校体育发展的催化剂

足球运动作为世界第一运动，作为一种大众文化代表，上到国家领导，下到平民百姓，不分出身背景，不论职业与年龄大小，人人都可以不同程度地参与其中。足球运动在当今的社会地位与作用远远超出了它本身作为一项体育运动所具有的价值，一场国家队之间的较量可以代表民族意志品质的博弈、一次次世界杯外围赛的冲击可以牵动无数球迷的心灵，无论男女老少，足球竞技的氛围都无时无刻不在感染着、传播着它的精神与力量。

教育领域一直以来提倡的素质教育，倡导要重视人的思想品德素质、个人能力培养、身心健康发展等，这些都能在校园足球活动中得到锻炼和养成。足球即人生，从这个层面上来注重校园足球对青少年成长的价值与意识，更能体现两者的契合点。通过长期的校园足球活动，青少年能在不断地拓展自己智商、情商的基础上，相互尊重、协同进步。校园足球的全面发展将成为学校体育发展的催化剂，也是实现素质教育的有效载体。

第二章
构建校园小足球多元活动体系的目的与意义

一、构建校园小足球多元活动体系的目的

本研究以当前校园足球发展为背景，结合国内青少年校园足球研究现状，就如何构建校园小足球多元活动体系提出相应的理论及实践范例，为丰富今后校园足球的发展提供参考。研究目的如下：第一，明确校园小足球活动对象、目的、内容、方法、评价体系，以建立校园小足球多元活动体系的理论框架；第二，提供大量校园小足球活动范例，为实践校园小足球的发展提供参考依据；第三，搭建校园足球基础阶段的活动模型，为校园足球的健康可持续发展提供保障。

二、构建校园小足球多元活动体系的意义

1. 理论意义

校园小足球是基于校园足球的发展方向，同时遵循足球运动项目、少年儿童身体发展规律来规划，因此对当前校园足球的理论建设有着重要的意义。首先，能够更细化地给予校园足球各个领域充分发展的空间；其次，小足球多元活动系统模式为更高水平阶段的校园足球发展提供可借鉴的模板；最后，对当前校园足球发展战略及足球人才培养方向有重要的启示作用。

2. 实践意义

为推动和发展我国青少年校园足球的发展，促进我国足球整体水平的提高，党中央、国务院从整个足球领域的发展战略出发，提供了坚实的政策基础。正是因为有了政策方面的支持，才有校园足球无限发展的可能。校园小足球多元活动体系从教学、

竞赛、娱乐、亲子、个人晋级五个层面展开，丰富了校园足球课堂内外的实践活动，全方位为校园足球布局了可供参考的素材。因此，在抓住当前良好发展机遇、迎接挑战的基础上，制定全方位的多元活动发展体系是特别有效的发展策略。

三、校园小足球多元活动体系构建的基本原则

1. 趣味性原则

趣味性是构建校园足球活动体系的基础。兴趣是最好的老师，有趣的活动能使人在精神上得到欢娱，能吸引不同对象主动参加。在校园足球活动的构建中，应采用丰富有趣的活动内容和形式，制定具体的活动规则时也应考虑趣味性。如可以开展丰富的足球趣味活动，演足球、画足球、赏足球等；还可以组织多种形式的足球比赛，如班级联谊赛或校级对抗赛等。另外，参赛对象甚至可以加入教师、家长、社会足球团体人群等。这些非常规模式的足球活动在形式和内容上都将更有趣，学生的积极性将会大大提高，参与度也会大为增加。

2. 科学性原则

科学性是构建校园足球活动体系的核心。构建出的校园足球活动需要根据学生的年龄阶段、技术水平、身心发展及学校实际情况，科学、合理地制定，这样才能发挥出校园足球运动的最大效益。校园足球活动的目标之一是提高学生的体质，提高机体机能。因此，在实施过程中要尊重科学，按照人体身心发展规律，从实际出发，针对不同的对象采用不同的学习内容和方式，在练习中也要科学合理地安排练习密度和运动负荷、动作难度和活动内容。如在构建校园足球教学活动体系中，可根据学生的实际情况分为水平一、水平二、水平三等类别，每一水平组分别有专门的足球教学活动，包括传球和接球、运球和踢球、射门等，但是每个水平都有不同的要求，且随着学生的运动水平能力可逐级递增学习难度。

此外，在构建足球活动，还应结合学校的实际情况进行科学的安排。学校的场室设备、活动时间等是有限的，因此需要根据参加体育校园足球活动的人数、时间、场地、器材等条件来确定校园足球活动时间、轮换次数等。过于频繁地开展校园大规模的足球活动不但会浪费学校资源，而且会让学生丧失一定的学习兴趣。因此，在开展校园足球活动时，不能盲目追求活动空间和时间，应采用集中性活动和分散性活动结合，科学地开展校园足球活动。如学校可以充分利用大课，每周选择若干天进行全校型的足球技能训练，如踩球、运球等对场地要求较低的训练内容。每个学期举行若干次较大型的足球比赛，让学生的足球技能得以实践，同时吸引更多的学生参与到足球运动中来。

3. 安全性原则

安全性是校园足球开展的前提和保障。校园足球活动体系构建的安全性以不伤害学生的身体健康且不影响校园足球活动的正常运行为原则。校园足球活动中允许学生身体接触以及合理冲撞，提倡积极主动的战斗作风，但更要保护双方学生的人身安全。开展校园足球活动要保障整个活动过程的安全。如准备场地时要清除有可能造成伤害的障碍物；在捡拾器械时要确保周围环境安全；在校园足球活动前要让参赛者热身，活动身体各个关节；在校园足球活动规则中要明确校园足球活动的路线，以免发生碰撞造成不必要的伤害。

此外，在构建校园足球活动的场室设备中注重安全性。如在活动对象为水平一的教学活动中，可以先将足球换成自制纸球，这样可以减少因足球使用不当对学生造成的伤害；也可以对校园足球活动场地的大小和材质进行调整，如加入海绵垫等，从而在充分保证学生安全的情况下开展校园足球活动。

4. 适应性原则

适应性原则是构建校园足球活动体系的重点。构建出的校园足球活动体系首先应适用于学校的实际情况，同时还能对适应于其他同类学校，具有较大的借鉴性。在构建的时候，首先要对所有校园足球活动体系经过专家指导和实地检验，对不合理的地方进行修改完善。其次，系统、完善地制定出校园足球活动的目的、方法、规则等，使其易理解、易组织。同时，对每个校园足球活动后可能出现的情况制定出相应的开展提示和安全提示，提高校园足球活动的普适性。最后，针对每个校园足球活动体系录制微课等视频，从校园足球活动开始到结束完整呈现，部分校园足球活动体系还可增加讲解版，使活动开展更加方便、直观。

5. 教育性原则

校园足球活动具有良好的教育功能，构建时要充分发挥其教育效果，它有助于培养学生良好的体育品德和道德修养。校园足球活动对学校德育来说，是一种教育手段；对学生来说，则是一种学习方式。校园足球活动的教育作用必须与校园足球活动的内容、方法、组织形式等有机结合，寓教育于校园足球活动之中，在活动中渗透和强化德育，这样才能达到最佳的教育效果。如：为培养学生的进取心和竞争意识，可构建竞技性校园足球活动；为培养学生团结协作的集体主义精神，可建"合作运球"等需要团队合作共同完成的校园足球活动；为锻炼学生的抗挫折能力，可构建多种形式的淘汰赛制等，让学生在失败的活动中继续保持乐观向上的精神。

四、文献陈述

1. 解读相关文献

2009年4月14日全面启动的中国校园足球预示着这场以足球项目为先锋、为代表的学校体育集结号在学校教育的中央舞台正式吹响。由于我国足球发展水平长期滞后,出现我国青少年体质健康水平呈下滑趋势,青少年近视人数不断增多,校园里出现了许许多多的"胖孩子"和"熊孩子",体育课不那么受学生欢迎等诸多现象,但我们依然相信,足球运动作为增强人民体质的一项重要运动,在国家和人民的重视下,将得到更长远的发展。2009—2019年我国校园足球的活动历程如表2-1所示。

表2-1 2009—2019年我国校园足球活动历程

时 段	事 件	举 措
启动阶段:基本规划	2009年4月14日,《关于开展全国青少年校园足球活动的通知》	明确青少年校园足球的指导思想、工作方针、组织机构
	2009年5月,国家体育总局决定从体育彩票公益基金中提出4 000万元投入校园足球活动	专项经费力图解决:专业人员培训、场地器材建设、训练联赛组织、足球推广等活动
	2009年6月10日,全国青少年校园足球活动在北京回民中学拉开帷幕	全国青少年校园足球工作领导小组正式成立
	2009年8月,全国青少年校园足球工作领导小组下发《全国青少年校园足球联赛规程》《纪律规范》《注册规定》	为有效指导布局城市和定点学校开展校园足球指明了方向
	2009年10月14日,全国青少年校园足球活动正式启动	全国首批44个校园足球布局城市挂牌
	2010年12月27日,全国青少年校园足球工作会议	全面总结2009—2010年全国校园足球活动,包括全赛季完成的比赛、参与校园足球的学生人数、参与专项培训的校长和教师人数等
发展阶段:共同谋划	2013年2月25日,国家体育总局、教育部联合出台了《国家体育总局、教育部关于加强全国青少年校园足球工作的意见》	20条意见中,"加大投入力度、加强场地设施建设和利用、加强师资建设、完善定点学校招生考试政策"等条款意在解决青少年足球发展薄弱环节。2013年国家体育总局追加体育彩票公益基金5600万元投入校园足球专项活动

（续表）

时　段	事　件	举　措
发展阶段：共同谋划	教育部发布教体艺厅函〔2014〕5号文件	教育部办公厅关于组织开展中小学校园足球工作专项调研的通知，为进一步推进中小学校园足球运动发展，完善相关工作制度和政策措施，丰富体育课和课外锻炼内容，增加校园足球人口，做好校园足球工作，大力提高学生体质健康水平和普及足球运动
	2014年教育领域五大事件之"校园足球"	足球被纳入学生综合素质评价。足球作为体育必修课，到2017年建成2万所中小学足球特色学校，200个高校高水平足球队
加速阶段：制度保障	教育部2015年工作要点	印发《关于强化体育课和课外锻炼深化学校体育改革的实施意见》《关于加快发展青少年校园足球的实施意见》。探索推进体育考核制度改革，着力提升学校体育工作水平和学生健康水平
	2015年2月11日，全国青少年校园足球工作领导小组第一次会议	我国将建立校园足球运动技能等级标准
	《中国足球改革发展总体方案》于2015年1月26日经国务院审议通过	方案提出"三步走"战略，近期目标是要理顺足球管理体制，制定足球中长期发展规划，创新中国特色足球管理模式；中期目标是要实现青少年足球人口大幅增加，职业联赛组织和竞赛水平达到亚洲一流，国家男足跻身亚洲前列，女足重返世界一流强队行列；远期目标是要使中国成功申办世界杯足球赛，男足打进世界杯、进入奥运会
	国家发展和改革委员会、国务院足球改革发展部际联席会议办公室（中国足球协会）、国家体育总局、教育部2016年4月6日共同编制了《中国足球中长期发展规划（2016—2050年）》	近期目标（2016—2020年）努力实现中国足球保基本、强基层、打基础的发展目标；中期目标（2021—2030年）：奋力实现中国足球动力更足、活力更强、影响力更大，跻身世界强队的发展目标；远期目标（2031—2050年）：全力实现足球一流强国的目标，中国足球实现全面发展，共圆中华儿女的足球梦想，为世界足球运动做出应有贡献

（续表）

时　段	事　件	举　措
持续阶段：继续推进	2017年1月，教育部关于印发《教育部2017年工作要点》	开展2017年全国青少年校园足球特色学校及试点县（区）的遴选工作，完善校园足球教学、训练、竞赛体系，推动学校体育改革发展
	2018年2月，全国青少年校园足球工作发展报告（2015—2017年）	认真贯彻落实《中国足球改革发展总体方案》和《国家中长期足球发展规划（2016—2020年）》，按照党中央、国务院"特事特办、先行先试"的原则和要求，把校园足球改革发展纳入教育综合改革规划，作为国家教育体制改革重点任务，抓好顶层设计，强化组织领导，创新体制、机制，注重内涵发展，不断提升质量，推动青少年校园足球工作取得阶段性成果，为在新时代继续扎实推进青少年校园足球工作奠定坚实基础
	2019年2月，教育部2019年工作要点	扎实推进校园足球"八大体系"建设
	2019年4月1日，教育部办公厅印发通知开展足球特色幼儿园试点工作	要求牢固树立健康第一的教育理念，帮助幼儿在体育锻炼中享受乐趣、增强体质、健全人格、锤炼意志。要将试点工作作为各地校园足球推广普及体系的重要内容，引导各级各类幼儿园广泛开展幼儿足球活动，促进幼儿身心健康全面发展

本研究主要采用文献资料法和比较研究法，在中国知网以主题"校园足球""小学生"检索，共查到相关文献174篇。通过对所检索的文献进行梳理和研读，最后遴选其中162篇文献进行系统分析，了解该领域的研究现状。当前有关小学学段的校园足球研究领域主要集中在：小学校园足球的发展及推广模式、农村校园足球的发展策略、小学校园足球教学模式及对学生足球兴趣的培养、小学校园足球的训练方法联赛制度及竞赛管理制度、校园足球对小学生体质健康的影响、常见小学校园足球教学中的运动损伤与预防、小学校园足球文化课程建设的研究、小学校园足球对学生的健康促进、小学校园足球与学生德育教育的相关研究、训练器材在小学校园足球中的应用与开发、地方小学校园足球的发展现状、境外发达国家校园足球的发展启示、小学校园足球体育师资培养的研究、小学校园足球场地器材的开发、家庭教育与社区活动对小学生校园足球的影响因素研究。

对于校园足球的研究呈逐年上升趋势，参照所选文献的发展趋势（如图2-1所示），各领域的研究侧重点偏差较大，研究主要集中在地方小学校园足球开展现状、小学校园足球教学模式及对学生足球兴趣的培养、小学校园足球的发展及推广模式三大领域，如表2-2所示。

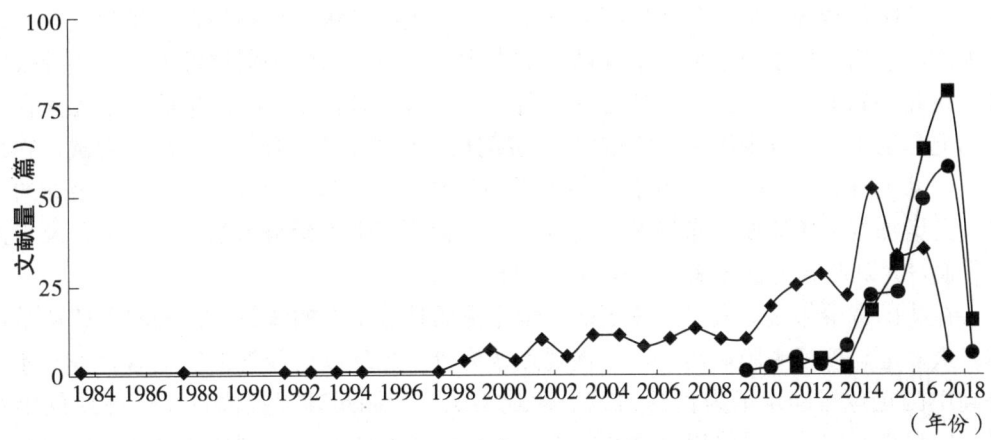

图 2-1 校园足球各领域研究发展态势

表 2-2 校园小足球各研究领域篇幅统计

研究领域	文献量/篇
地方小学校园足球的开展现状	45
小学校园足球教学模式及对学生足球兴趣的培养	41
小学校园足球的发展及推广模式	31
小学校园足球的训练方法联赛制度及竞赛管理制度	17
小学校园足球对学生的健康促进	9
农村校园足球的发展策略	5
常见小学校园足球教学中的运动损伤与预防	4
小学校园足球文化课程建设的研究	4
家庭教育与社区活动对小学生校园足球的影响因素研究	2
校园足球对小学生体质健康的影响	1
小学校园足球与学生德育教育的相关研究	1
小学校园足球场地器材的开发	1
境外发达国家校园足球的发展启示	1
小学校园足球体育师资培养的研究	0

2."校园足球"与"校园小足球"的界定

2009年国家体育总局和教育部联合发布的《全国青少年足球活动实施方案》明确规定，校园足球开展的对象是以接受学历教育为主的各级学校中的青少年学生，并重点提出不包括足球学校、俱乐部梯队中的青少年，主要目的是促进青少年身心健康发展，在此基础上培养全面发展的足球后备人才。有学者提出，校园足球是阳光体育运动的配套工程，是青少年足球的重要组成部分，是"体教结合"的一次新尝试，它采用了"以点带面"的形式来开展多种多样的工作内容。具体而言，发展校园足球的关键是：增加青少年体质；布局城市定点学校；青少年学生参与为主体；立足普及与推广；通过足球联赛为杠杆来发现和培养足球人才。

在我国青少年足球人口严重萎缩、学生体质持续下滑的背景下，校园足球从学校体育众多运动项目中脱颖而出。一种观点认为校园足球以培养青少年足球后备人才，提高中国足球运动水平为目标；另一种观点认为校园足球以提高青少年体质健康水平，增强学生体质，最终以立德育人为目标。2015年1月，校园足球由教育部门主导开展，回归教育本位，作为学校教育与学校体育的重要内容，其本质属性以教育为首要任务。而校园足球作为体育项目必然具有一定的竞技属性，任何国家的校园足球都是其青年训练队体系的重要组成部分，承载着培养足球后备人才，推动足球事业发展的重要任务。邱林博士认为，校园足球是以学生为主体，以学校为依托，在校内外进行的一切与足球相关活动的总称，既有普及性又有竞技性。因此，校园足球的场域，既在校内，也在校外。可能在不久的将来，校园足球的发展将呈现出"校外比校内重要，课外比课内重要"的局面。

校园小足球的"小"体现在它面向的主体年龄较小，其活动对象是处于水平一至水平三的小学生。因此，校园小足球是针对12岁以下的少年儿童而开展的足球普及运动，通过场地、器材、规则等的改变来帮助每一个孩子爱上足球、喜欢体育，养成自觉锻炼的运动习惯。校园小足球多元活动体系的目标是，以足球运动为载体，发挥体育的育人功能，提高少年儿童的体质健康水平，在"立德树人"的教育任务下，遵循儿童身心发展规律，促进少年儿童的全面发展，营造良好的学校足球氛围，为校园足球的全面普及打下基础。

3. 校园小足球多元活动体系的研究应规避的误区

第一，只重竞赛成绩，而忽略教育功能的陈旧观念误区。陈旧落后的观念一直是阻碍学校体育发展的主要障碍，其主要表现在于急功近利的锦标主义，不注重学生的长远利益与全面发展。这种陈旧观念的误区之所以有其长期存在的温床，也是与当前社会环境的影响有很大关系的，只重竞赛成绩，而忽略学生长远发展的误区不仅仅是出现在学校体育领域，也不是偶尔出现在一场足球比赛的联赛当中，从学校周边各种教育培训广告、各种大中小学文化课程考试我们即可窥见一斑。要完全摒弃这些陈旧观念肯定不是一朝一夕可以完成的，但也不是完全不能扭转的，从政策的制定导向，到教育理念的不断更新，我们对转变只重竞赛成绩的错误导向还是有信心的。校园足球的普及就是一个实例，普及意味着需要每一个学生能在足球的运动过程中，享受教育的洗礼，经历各种障碍，实现自身循序渐进的发展。

第二，唯"快乐论"的嘉年华游戏活动，而缺少竞争意识培养的目标异位误区。"快乐论"的误区是对体育本质的一种曲解，没有约束、自由散漫、不遵循规则、无正确引导、不历经磨炼的体育学习与锻炼，是对体育运动的错误解读，真正快乐的体育一定是建立在对身体的不断磨炼、对心灵的洗礼上。对于足球比赛而言，快乐的足球是通过对规则的遵守，给予对手以尊重，不畏防守的困扰，敢于拼抢来获取的；快乐的足球是建立在与队友相互传接球后、突破一个个防守之后、来回奋力争抢中；快乐的足球体现在虽然没能获得冠军但同样有可以从头再来的决心，虽然裁判误判亦能欣然接受的宽阔胸怀，即使大汗淋漓依旧不断练习的训练精神。所以，校园足球表现了对体育精神的传承、对个人品质的提升、对人生发展的终身引领。

第三，刻板的技能学习导向，而脱离儿童心理活动规律及足球运动项目本质的教学误区。长期以来的学校体育教学中的技能论、素质论有着各种各样的说辞，将技能学习的优劣作为学生参与体育知识的唯一衡量指标，过分拔高学生掌握技能的重要性而忽视学生身心健康成长的需求。校园小足球属于校园足球最基础的阶段，也是培养学生拥有良好运动能力、体育情感、社会价值观的关键期，校园足球作为一项国家层面的政策在学校范围内能否正确引领学生的健康成长，跟学校学习效果、目标导向息息相关。一方面，校园小足球应遵守儿童身心发展规律，在教学与训练过程中注重运动技能传授的同时，尊重客观规律的重要性；另一方面，学以致用提高足球教学的时效性，从运动本质、足球运动特点出发，以儿童为中心，实现技能学习与儿童身心健康成长双赢的目的。

第三章
校园小足球多元活动体系内容构建

一、校园小足球教学类活动体系

校园小足球教学类活动体系，主要目标是提高学生参与率，普及和学习基础足球技术，使全校学生参与到足球活动中来。组织形式以体育课和体育大课间为主，不同年级开发不同难度的教学项目。通过体育课内对基础足球技术进行教学，使学生学会足球技术，同时利用大课间进行普及性练习，将课内学习的基础足球技术在体育大课间进行全员练习，增加训练时间和次数，巩固技术动作，然后回到课内将学习的基础足球技术进行小组间的对抗赛，再回归大课间进行大规模班级竞赛，以赛促学，以赛促练。校园教学类竞赛体系以团体总分为主要评价方式，如图3-1所示。

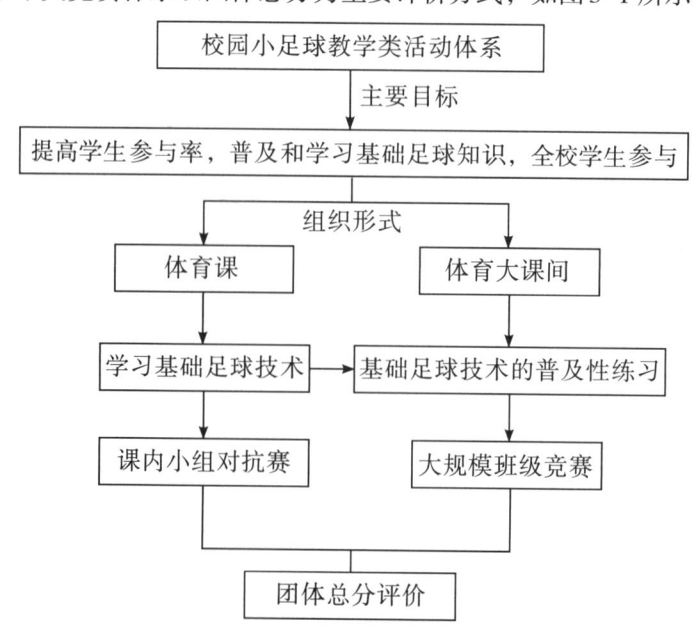

图3-1 校园小足球教学类活动体系

二、校园小足球竞技类活动体系

关于校园小足球竞技类活动体系，其主要目标是使竞技类活动更加丰富化、内涵化，主要是以足球文化与竞技相结合的竞赛体系，组织形式以课外体育活动为主。在构建此类活动体系中，通过开展班级男队、女队比赛为原点，延伸开展班级足球文化建设，进行班级足球队徽设计、足球赛事解说、足球赛事摄影、足球征文等一系列的竞赛活动，使每个学生都能参与到校园足球竞赛活动中，发挥学生的专长，获得成功的体验。校园小足球竞技类活动体系以个人或团体总分为主要评价方式，如图3-2所示。

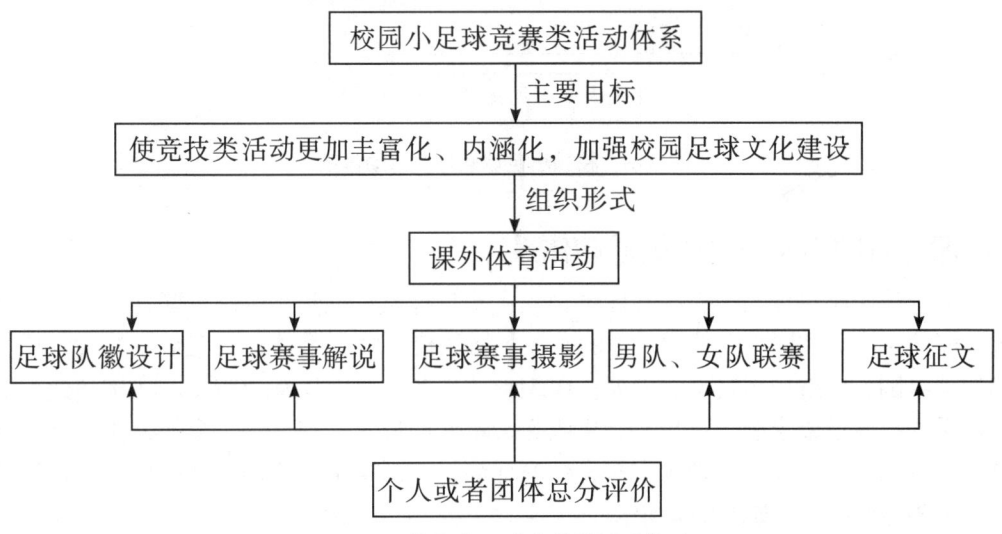

图3-2 校园小足球竞技类活动体系

三、校园小足球娱乐类活动体系

关于校园小足球娱乐类活动体系，其主要目标是提高学生足球兴趣，促进足球技能学习，普及足球知识。组织形式以体育课、体育大课间以及课外体育活动为主，构建形式主要以趣味性、足球技术及足球知识相结合的竞赛体系，例如嘉年华、趣味足球知识竞赛等形式，将足球技术融入游戏中，使学生在游戏中体验足球乐趣，发展足球技术，推广普及足球知识。同时，学校还专门设置一个光荣榜，将获得奖励的学生照片和获奖信息张贴出来。校园娱乐类活动体系以个人或团体总分为主要评价方式，如图3-3所示。

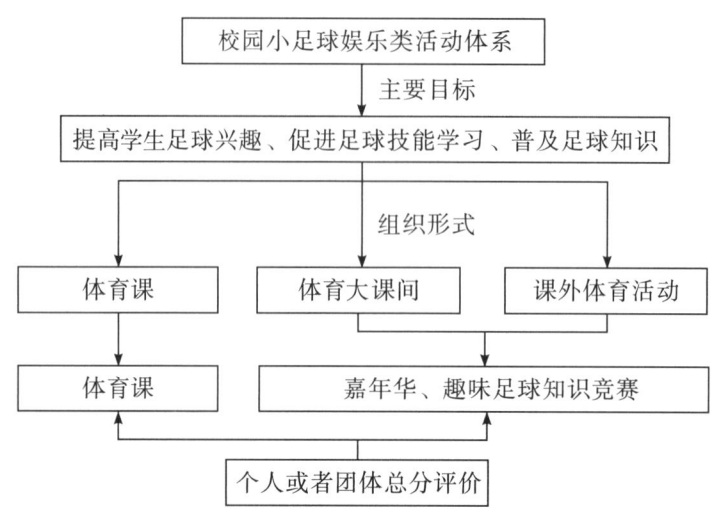

图 3-3　校园小足球娱乐类活动体系

四、校园小足球亲子类活动体系

  关于校园小足球亲子类活动体系，其主要目标是进一步增进家校联合，将家长请进校园与学生们共同享受校园足球的乐趣，增添校园中"我踢球、我健康、我快乐"的活动氛围，促进校园足球的发展。组织形式以各年级大体育课为主。在构建此类活动体系中，通过以家庭为小单元、班级为大单元的形式，突出亲子合作，使家庭也能参与到校园足球活动中，发挥家校合作的优势。校园亲子类活动体系以个人或团体总分为主要评价方式，如图3-4所示。

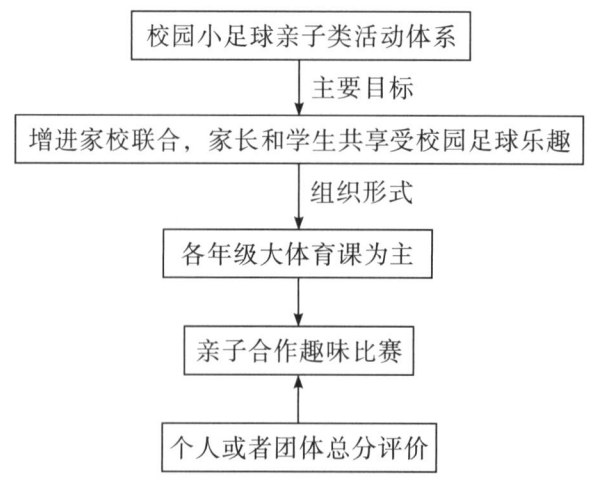

图 3-4　校园小足球亲子类活动体系

五、校园小足球个人晋级类活动体系

校园小足球个人晋级类活动体系，主要目标是使每一个学生在不同的水平阶段在个人足球技能水平方面有所突破，主要是以不同足球技能考核为主。在构建此类活动体系中，学校在每学年除指定相应的通级时间、地点以及通级内容，学生可在相应的时间段进行个人晋级，晋级成功后即可获得学校颁发的通级荣誉卡。校园小足球个人晋级类活动体系针对不同水平、性别、运动能力特点的学生，对通极指标不做硬性要求，鼓励学生踊跃参与通级测试，对全部六级水平通级成功的学生学校给予一定的物质及精神奖励。

第二部分 校园小足球多元活动体系的实践范例

第四章
校园小足球教学类活动体系实践范例

水平一	水平二	水平三
双脚交替踩球	行进间踩球	脚内侧踢空中球
脚内侧拨球	正脚背踢球	运球过人
脚背外侧运球	脚内侧运球	脚内侧停空中球
脚内侧传接球	正脚背停球	运球绕杆射门
脚内侧踢球	运球绕杆	颠球

第一节 "双脚交替踩球"教学活动

一、学习内容

双脚交替踩球

二、学习目标

（1）引导学生理解"原地""行进间"双脚交替踩球的动作原理，30%的学生能完成5 m以上的"行进间"左右脚交替踩球，70%的学生能准确连贯地完成"原地"双脚交替踩球，其他学生能够正确做出双脚交替踩球的动作过程。

（2）发展学生上、下肢的协调能力，养成足球练习之前自觉进行球性练习的习惯。

（3）体验双脚交替踩球和各种练习的乐趣，培养相互协助、坚持锻炼的良好品质。

三、学习重难点

学习重点：前脚掌连贯性交替触球的能力。

学习难点：前脚掌连贯性交替触球时上、下肢的协调性及触球部位的准确性。

四、学习步骤

1. 热身活动

练习内容：①10秒钟原地、行进间高抬腿练习；②15秒钟原地左右脚体前、体侧连续踢腿练习；③20秒钟原地左右脚连续台阶跑练习；④匀速、快速25秒钟原地、行进间的两人一组原地左、右脚脚内侧轻碰游戏。

2. 专门性准备活动

练习内容：① 在指定的练习区域内有序地进行10 m、15 m、20 m慢速、中速、高速运球或带球练习；② 在指定的练习区域内有序地进行10 m、15 m、20 m慢速、中速、高速带球急停双脚交替踩球的热身活动；③ 在指定的练习区域内有序地进行慢速带球10 m、15 m、20 m急停急起的热身活动；④ 在指定的练习区域内有序地进行慢速带球10 m、15 m、20 m急停接顺时针或逆时针绕球跑三圈的热身活动。

3. 原地双脚交替踩球练习

练习方法：听到老师的口令后，学生用双脚前掌交替连续做踩球动作，球能保持在原地或小范围内来回移动，在球失去控制时可立即重新开始，每次练习时间为 50 秒钟左右，如图 4-1 所示。

图 4-1　原地双脚交替踩球练习

4. 原地顺时针、逆时针绕圈双脚交替踩球练习

练习方法：听到老师的口令后，学生用双脚前掌交替连续做踩球动作的同时做顺时针或逆时针绕圈动作，球能保持在原地或小范围内来回移动，在球失去控制时可立即重新开始，每次练习时间为 1 分钟左右，如图 4-2 所示。

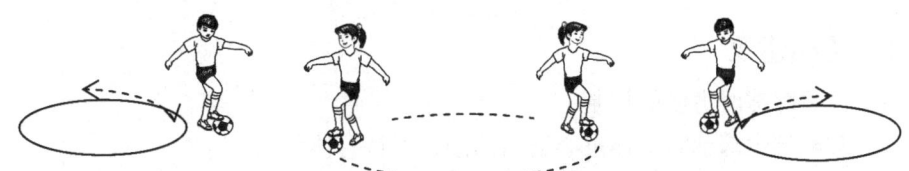

图 4-2　原地顺时针、逆时针绕圈双脚交替踩球练习

5. 行进间双脚交替踩球练习

练习方法：听到老师的口令后，学生用双脚前掌交替连续做 5 m、10 m、20 m 慢速、中速、高速踩球动作，球能控制在双脚范围内来回移动，在球失去控制时可立即重新开始，每次练习 3~5 组，如图 4-3 所示。

图 4-3　行进间双脚交替踩球练习

6. 行进间双脚交替踩球过障碍游戏

游戏方法：听到老师的口令后，学生在指定场地内从不同的方向背向同学用双脚前掌交替连续做匀速行进间踩球动作练习，球能控制在双脚范围内来回移动，并能避免相互碰撞，在球失去控制时可立即重新开始，每次练习3~5组，如图4-4所示。

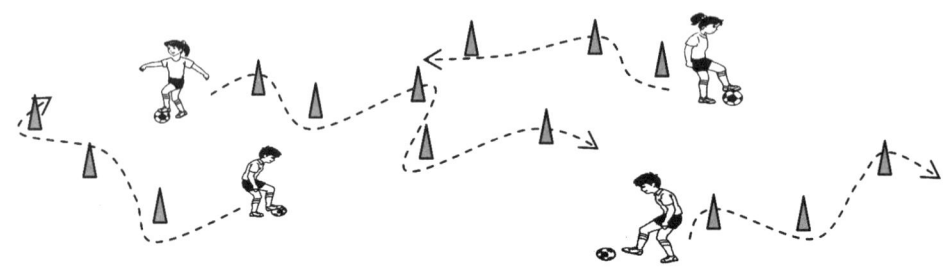

图 4-4　行进间双脚交替踩球过障碍游戏

五、课课练

发展上下肢协调性的练习。

练习方法：引导学生复习并回顾热身活动部分的练习及专门性准备活动的练习，并鼓励学生创造各种上、下肢协调性的练习手段。

六、活动建议

（1）注意踩球时力度的控制。

（2）提醒学生踩球时身体重心适当前倾，保持身体平衡。

（3）在练习过程中应灵活多变，密切关注学生的情绪变化，水平一学生的运动强度不宜太大。

第二节 "脚内侧拨球"教学活动

一、学习内容

脚内侧拨球

二、学习目标

（1）引导学生理解"脚内侧拨球"的动作原理，20%的学生能完成5 m以上的"行进间"左右脚交替拨球，80%的学生能准确连贯地完成原地"脚内侧拨球"。

（2）发展学生上、下肢的协调能力，养成足球活动前自觉进行球性练习的良好习惯。

（3）能体验"脚内侧拨球"各种练习手段的乐趣，培养相互协助、坚持锻炼的良好品质。

三、学习重难点

学习重点：脚内侧触球。

学习难点：拨球时脚尖翘起。

四、学习步骤

1. 热身活动

练习内容：①8个八拍原地、行进间开合跳练习；②8个八拍原地、行进间钟摆跳练习；③匀速个人10秒钟原地、行进间高抬腿练习；④匀速、快速25秒钟原地、行进间的两人一组原地左、右脚脚内侧轻碰游戏。

2. 专门性准备活动

练习内容：①在指定的练习区域内有序地进行两人合作跨球跑练习；②在指定的练习区域内有序地进行两脚纵向交换踩球合作练习；③在指定的练习区域内有序地进行慢速带球10 m、15 m、20 m急停急起的热身活动；④在指定的练习区域内有序地进行慢速带球10 m、15 m、20 m急停接顺时针或逆时针绕球跑三圈的热身活动。

3. 原地徒手模仿练习（钟摆跳）

练习方法：听到老师的口令后，学生右脚支撑，左脚外展，左脚内收后落地支撑，右脚外展，右脚内收后落地支撑，连续进行，20次×2组。

4. 原地脚内侧拨球练习

练习方法：听到老师的口令后，学生拨球脚微抬，用脚内侧部位向支撑脚部位拨球，随后支撑脚变拨球脚重复上述动作，左右脚交替连续进行，在球失去控制时可立即重新开始，每次练习时间为1分钟左右，如图4-5所示。

图4-5 原地脚内侧拨球练习

5. 行进间脚内侧拨球练习

练习方法：听到老师的口令后，学生用双脚脚内侧交替连续做5m、10m、20m慢速、中速、高速拨球动作，球能控制在双脚范围内来回移动，在球失去控制时可立即重新开始，每次练习3~5组。

6. 行进间脚内侧拨球过防守游戏

游戏方法：听到老师的口令后，学生在指定场地内用脚内侧连续做匀速行进间拨球动作练习，两人一组，防守方在规则允许的范围内将球权夺回，双方攻防转换进行练习，游戏过程中避免相互碰撞，在球失去控制时可立即重新开始，每次练习3~5组。

五、课课练

发展上、下肢协调性的练习。

练习方法：①8个八拍原地、行进间开合跳练习；②匀速、快速25秒钟原地、行进间的两人一组原地左、右脚脚内侧轻碰游戏；③60秒钟跪压正脚背练习。

六、活动建议

（1）注重脚内侧拨球时重心转移的体验。

（2）鼓励学生勇敢参与练习活动，并发扬吃苦耐劳的精神。

（3）在练习过程中应灵活多变，密切关注学生的情绪变化，水平一学生的运动强度不宜太大。

第三节 "脚背外侧运球"教学活动

一、学习内容

脚背外侧运球

二、学习目标

（1）引导学生理解"脚背外侧运球"的动作原理，30%的学生能完成10m以上的"脚背外侧运球"，70%的学生能准确连贯地完成"脚背外侧运球"。

（2）发展学生肌肉爆发力、节奏感及身体协调性，养成足球活动前自觉进行球性练习的良好习惯。

（3）发挥学生的自主性，培养学生勇敢顽强的意志品质和团结协作的精神，体验足球运动的乐趣。

三、学习重难点

学习重点：运球脚的触球部位。

学习难点：跑步节奏与推拨球的配合。

四、学习步骤

1. 热身活动

练习内容：①慢速个人10秒钟原地、行进间高抬腿练习；②匀速个人15秒钟原地左右脚体前、体侧连续踢腿练习；③匀速个人20秒钟原地左右脚连续台阶跑练习；④匀速、快速25秒钟原地、行进间的两人一组原地左、右脚脚内侧轻碰游戏。

2. 专门性准备活动

练习内容：①在指定的练习区域内有序地进行左、右脚内侧控制球练习；②在指定的练习区域内有序地进行原地脚底踩球的热身活动；③在指定的练习区域内有序地进行行进间10m、15m、20m的脚底踩球的热身活动；④在指定的练习区域内有序地进行慢速带球10m、15m、20m急停接顺时针或逆时针绕球跑三圈的热身活动。

3. 徒手模仿练习

练习方法：听到老师的口令后，学生上体稍前倾，运球脚的脚尖和髋关节稍向内转,膝关节微屈,脚踝放松,在向前支撑脚蹬送的同时做出用脚背外侧向前摆触球的动作,上一步推拨一次,左右脚交替重复练习,如图4-6所示,每次练习时间为50秒钟左右。

图4-6 脚背外侧运球徒手练习

4. 行进间顺时针、逆时针绕圈脚背外侧运球

练习方法:听到老师的口令后,学生用脚背外侧连续做运球动作的同时做顺时针或逆时针绕圈动作,球能保持在小范围内来回移动,在球失去控制时可立即重新开始,每次练习时间为1分钟左右。

5. 行进间脚背外侧运球游戏

游戏方法:听到老师的口令后,学生在跑道上直线运球,把球运到对面的圆圈里放好,再跑回自己的队伍,4人一组,每次练习3~5组,如图4-7所示。

图4-7 行进间脚背外侧运球游戏

6. 脚背外侧运球合作练习

练习方法:设置3个边长为1m的正方形,成"品"字形,之间的距离为6m,正方形为休息区,只能有1人暂时休息,如果来人,就要找别的休息区,5人一组进行练习,每组2分钟,每次练习3~5组,如图4-8所示。

图 4-8　脚背外侧运球合作练习

五、课课练

发展上、下肢协调性的练习。

练习方法：引导学生复习并回顾热身活动部分的练习及专门性准备活动的练习，并鼓励学生创造各种上、下肢协调性的练习手段。

六、活动建议

（1）可用贴纸贴在脚背外侧，以便提醒学生触球位置。

（2）注重脚背外侧运球节奏的把控。

（3）在练习过程中应灵活多变，密切关注学生的情绪变化，水平一学生的运动强度不宜太大。

第四节 "脚内侧传接球"教学活动

一、学习内容

脚内侧传接球

二、学习目标

（1）引导学生理解"脚内侧传接球"的动作原理，25%的学生能完成5m左右"行进间"脚内侧传球与接球动作，75%的学生能准确连贯地完成脚内侧踢定位球、接地滚球的动作。

（2）发展学生上、下肢的协调能力，并能养成足球活动前自觉进行球性练习的良好习惯。

（3）体验"脚内侧传接球"各种练习手段的乐趣，培养相互协助、坚持锻炼的良好品质。

三、学习重难点

学习重点：支撑脚的站位与触球瞬间脚型的控制。

学习难点：脚内侧传接球路线的掌握与踢球力量的控制。

四、学习步骤

1. 热身活动

练习内容：①慢速个人10秒钟各种姿势的走、跑练习；②匀速个人15秒钟原地左右脚体前、体侧连续踢腿练习；③匀速个人20秒钟原地左右脚连续台阶跑练习；④匀速、快速25秒钟原地、行进间的两人一组原地左、右脚脚内侧轻碰游戏。

2. 专门性准备活动

练习内容：①在指定的练习区域内有序地进行10m、15m、20m慢速、中速、高速带球急停双脚交替踩球的热身活动；②在指定的练习区域内有序地进行10m、15m、20m慢速、中速、高速夹球跳的热身活动；③在指定的练习区域内有序地进行慢速带球10m、15m、20m急停急起的热身活动；④在指定的练习区域内有序地进行慢速带球10m、15m、20m急停接顺时针或逆时针脚内侧拨球三圈的热身活动。

3. 脚内侧踢定位球、接地滚球自主练习

练习方法：听到老师的口令后，左脚脚尖对准出球方向，用右脚内侧部位踢球，将球轻轻踢出；接地滚球时，支撑脚正对来球方向，接球脚上前迎球，触球后稍后撤，以缓冲来球力量，将球接在脚下，在球失去控制时可立即重新开始，每次练习时间为50秒钟左右，如图4-9所示。

图4-9 脚内侧踢定位球、接地滚球练习

4. 脚内侧传接球合作练习

练习方法：学生两人一组，老师引导学生在指定的练习区域内有序地练习10 m、15 m、20 m 慢速、中速、高速脚内侧传接球练习，练习20次后交换位置，练习时间3~5分钟，如图4-10所示。

图4-10 脚内侧传接球合作练习

5. 行进间脚内侧传接球合作练习

练习方法：学生两人一组，在老师的指导下，一人分腿站立，一人从正面或后面将球踢过两腿之间，再跑到另一面将球踢回，练习10次后交换位置，练习3~5组，如图4-11所示。

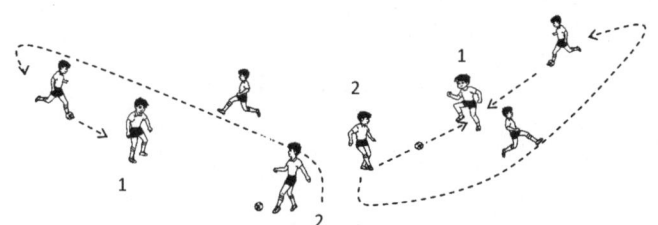

图4-11 行进间脚内侧传接球合作练习

6. 行进间脚内侧传接球过障碍游戏

游戏方法：听到老师的口令后，学生在指定场地内从不同的方向背向同学用脚内侧连续做匀速行进间传球动作练习，球能控制在双脚范围内来回移动，并能避免相互碰撞，在球失去控制时可立即重新开始，每次练习3~5组。

五、课课练

发展上、下肢协调性的练习。

练习方法：引导学生复习并回顾热身活动部分的练习及专门性准备活动的练习，并鼓励学生创造各种上、下肢协调性的练习手段。

六、活动建议

（1）帮助学生认识脚内侧的具体位置。

（2）鼓励学生勇敢参与练习活动，并发扬吃苦耐劳的精神。

（3）在练习过程中应灵活多变，密切关注学生的情绪变化，水平一学生的运动强度不宜太大。

第五节 "脚内侧踢球"教学活动

一、学习内容

脚内侧踢球

二、学习目标

（1）引导学生理解"脚内侧踢球"的动作原理，让80%的学生掌握"脚内侧踢球"的技术动作。

（2）发展学生上、下肢的协调能力，养成足球活动前自觉进行球性练习的良好习惯。

（3）体验"脚内侧踢球"各种练习手段的乐趣，培养相互协助、吃苦耐劳的良好品质。

三、学习重难点

学习重点：支撑脚的选位与击球部位。

学习难点：踢球腿前摆动作和击球时脚型的控制。

四、学习步骤

1. 热身活动

练习内容：①慢速个人10秒钟原地、行进间高抬腿练习；②匀速个人15秒钟原地左右脚体前、体侧连续踢腿练习；③匀速个人20秒钟原地左右脚连续台阶跑练习；④匀速、快速25秒钟原地、行进间的两人一组原地左、右脚脚内侧轻碰游戏。

2. 专门性准备活动

练习内容：①在指定的练习区域内有序地进行10m、15m、20m慢速、中速、高速夹球跑练习；②在指定的练习区域内有序地进行慢速带球10m、15m、20m急停急起练习；③在指定的练习区域内有序地进行慢速带球10m、15m、20m急停接顺时针或逆时针绕球跑三圈练习。

3. 徒手模仿练习

练习方法：①听到老师的口令后，学生向前上左脚（以右脚踢球为例）的同时后摆右腿，落左脚的同时，右腿膝关节外展，脚尖上翘向前摆右脚，然后向后蹬左脚，向后收右腿，每次练习10~15组；②左脚支撑，向前摆右腿，脚尖外展，急速向后撤右脚并落地，每次练习8~10组，如图4-12所示。

图4-12 脚内侧踢球徒手模仿练习

4. 左、右脚内侧踢定位球练习

练习方法：听到老师的口令后，学生在指定场地内用脚内侧踢定位球时（以右脚踢球为例），右脚脚尖对准出球方向，用脚内侧部位踢球，用合适的踢球力量，踢出3 m左右的距离，在球失去控制时可立即重新开始，每只脚练习时间1分钟左右。

5. 脚内侧踢球"踢准"游戏

游戏方法：听到老师的口令后，学生进行小组练习，两人一组，一人从正面将球踢过小龙门，另一人用同样方式将球踢回，在球失去控制时可立即重新开始，每次练习5~8组，如图4-13所示。

图4-13 脚内侧踢球"踢准"游戏

6. 行进间脚内侧踢球练习

练习方法：听到老师的口令后，学生用双脚脚内侧交替连续做5 m、10 m、20 m慢速、中速、高速踢球动作，球的速度控制在1~2 m的范围内行进间移动，在球失去控制时可立即重新开始，每次练习3~5组。

五、课课练

发展上、下肢协调性的练习。

练习方法：①双人坐姿脚内侧向上踢球练习，每组练习10~15次；②单人坐姿脚内侧向上踢球练习，每组练习10~15次；③鼓励学生创造各种上、下肢协调性的练习手段。

六、活动建议

（1）让学生认识脚内侧的具体位置。

（2）学会合作，注意初次传球力度和方向的控制。

（3）在练习过程中应灵活多变，密切关注学生的情绪变化，水平一学生的运动强度不宜太大。

第六节 "行进间踩球"教学活动

一、学习内容

行进间踩球

二、学习目标

（1）引导学生理解行进间双脚交替踩球的动作原理，60% 的学生能完成 4 m 以上的"行进间"双脚交替踩球，80% 的学生能准确连贯地完成"行进间"双脚交替踩球，其他学生能够正确做出双脚交替踩球的动作过程。

（2）发展学生上、下肢的力量及协调能力，养成足球活动前自觉进行球性练习的良好习惯。

（3）能体验行进间双脚交替踩球各种练习手段的乐趣，培养相互协助、坚持锻炼的良好品质。

三、学习重难点

学习重点：前进及后退时前脚掌连贯性交替触球的能力。

学习难点：前脚掌连贯性交替触球时上、下肢的协调性及触球部位的准确性。

四、学习步骤

1. 热身活动

练习内容：①做无球行进间模仿练习，上肢协调配合，做行进间高抬腿练习；②行进间车轮跑练习，注意连续性；③原地左右脚连续台阶跑练习；④行进间的两人一组进行左、右脚脚内侧轻碰游戏。

2. 专门性准备活动

练习内容：①在指定的练习区域内有序地进行行进间有球练习，速度由慢到快；②在指定的练习区域内有序地进行行进间带球急停双脚交替踩球的热身活动；③在指定的练习区域内有序地进行行进间带球急停急起的热身活动，速度由慢到快；④在指定的练习区域内有序地进行行进间带球急停接顺时针或逆时针绕球跑三圈的热身活动。

3. 行进间双脚交替踩球练习

练习方法：听到老师的口令后，学生用双脚前掌交替连续做踩球动作，球能保持在原地的基础上前进或后退来回移动，在球失去控制时可立即重新开始，每次练习时间为1分钟左右，如图4-14所示。

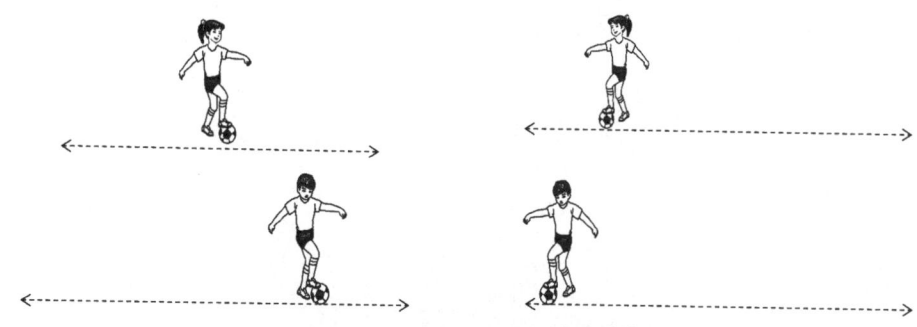

图4-14　行进间双脚交替踩球练习

4. 行进间顺时针、逆时针绕圈双脚交替踩球练习

练习方法：听到老师的口令后，学生用双脚前掌交替连续做踩球动作的同时做顺时针或逆时针绕圈动作，球能保持在原地的基础上前进或后退来回移动，在球失去控制时可立即重新开始，每次练习时间为1分钟左右。

5. 行进间双脚交替踩球练习

练习方法：听到老师的口令后，学生用双脚前掌交替连续做20 m慢速、中速、高速踩球动作，球能控制在双脚范围内来回移动，在球失去控制时可立即重新开始，每次练习3~5组。

6. 行进间双脚交替踩球过障碍游戏

游戏方法：听到老师的口令后，学生在指定场地内从不同的方向背向同学用双脚前掌交替连续做匀速行进间踩球动作练习，球能控制在双脚范围内来回移动，并能避免相互碰撞，在球失去控制时可立即重新开始，每次练习3~5组。

五、课课练

发展上、下肢协调性的练习。

练习方法：引导学生复习并回顾热身活动部分的练习及专门性准备活动的练习，并鼓励学生创造各种上、下肢协调性的练习手段。

六、活动建议

（1）注意踩球的节奏性。

（2）鼓励学生勇敢参与练习活动，并发扬吃苦耐劳的精神。

（3）在练习过程中应灵活多变，密切关注学生的情绪变化。

第七节 "正脚背踢球"教学活动

一、学习内容

正脚背踢球

二、学习目标

（1）在学习活动中，体验小组合作学习，培养学生勇敢顽强、勇于克服困难的精神以及团结协作与同伴友好相处的优良品质。

（2）发展学生的力量、速度、协调等身体素质，提高对脚背正面踢球的基本能力，70%的学生能够完成基本技术，30%的学生能够准确做到击中目标。

（3）增强安全意识和防范能力、科学锻炼，充分做好准备活动。

三、学习重难点

学习重点：脚背的击球部位。
学习难点：支撑腿位置与重心，摆动腿用大腿带动小腿加速前摆。

四、学习步骤

1. 热身活动

练习内容：①将学生分为四个小组，列成纵队站在同一条起跑线上，距离起跑线15米处设置一个小旗杆。每组所有学生以一条腿站立，另外一条腿抬起。第一名学生抬起腿使大小腿折叠，自然垂于身体一侧；从第二名学生开始，抬起腿使腿前伸，前面学生用手臂将后面学生前伸的抬起腿固定于身体一侧的腰部位置，以此类推，组成一列火车。规则如下：四个小组组成四列火车，以单脚跳的方式行进，到达小旗杆后绕过小旗杆返回，用时最短的小组获得胜利。②游戏保龄足球，用矿泉水瓶或标志筒等摆放成保龄球状，在6~8m处，游戏者踢球击打，击倒数量多者为胜。③跑位，在无球情况下，通过跑动来创造进攻机会。跑位时应设法摆脱防守队员，跑向开阔区域，避免出现"扎堆"现象。

2. 专门性准备活动

练习内容：①在老师的指引下，学生在指定的练习区域有序地进行曲线行进间双脚敲球游戏，距离15 m，每隔3 m放置一个标志盘，由慢到快循环练习，每人练习3

圈；②内外踢腿练习，要求踢腿时手要摸到脚；③游戏踢球出圈，每人一球，在圆圈内运球并相互踢抢，如球被同伴踢出圆圈，失球者离开圆圈内。直到圆圈内剩一名队员运球，游戏结束。

3. 正脚背踢球

支撑腿站位：支撑脚跟着地支撑，在球的侧面10~12 cm处，脚尖正对出球方向，膝关节微屈。踢球腿摆动：踢球腿随跑动向后摆动，小腿微屈，支撑的同时踢球腿以髋关节为轴，大腿带动小腿由后向前摆动。当膝关节摆至接近球的正上方时，小腿做爆发式的摆动，如图4-15所示。

图4-15　正脚背踢球

4. 脚背正面踢球射门练习

运用脚背正面，将球踢进距离踢球位置10 m的球门中。

教学组织：分为四个小组，两个练习场地，四个小组每个小组一个半场，依次进行练习。教师巡视，再次强调支撑站位、踢球腿摆动、触球部位的注意要点，并进行纠错讲解，如图4-16所示。

图4-16　脚背正面踢球射门练习

5. 正脚背踢球游戏

游戏方法：（击球踢准）全班同学分成10组，每4人一组，各组排头第一个同学距离标志物5 m，每踢中一个得5分，全队在5分钟内累计得分最多的组为胜，以此类推。

五、课课练

身体素质练习,发展学生的下肢力量。

练习方法:垒脚塔,学生5~8人一组围成圆圈,根据每个人不同的柔韧性,商定出放脚的高低顺位(由下到上,分别为1,2,3,…)。每人伸出一只脚,第1人(最下面的人)脚跟着地,脚尖朝上,接着,第2人将脚跟放在第1人的脚尖上,第3人将脚跟放在第2人的脚尖上,以此类推,直到所有人伸出的一只脚上下相接形成一座"宝塔"状,并能坚持5~15秒为成功,看哪组"宝塔"垒得最高。

六、活动建议

(1)鼓励学生积极练习,勇敢克服困难。
(2)注重学生课中规则能力的培养。
(3)明确学习任务,脚触球的正确部位。
(4)引导学生支撑腿位置与重心,摆动腿用大腿带动小腿加速前摆。

第八节 "脚内侧运球"教学活动

一、学习内容

脚内侧运球

二、学习目标

（1）在学习活动中，体验小组合作学习，培养学生勇敢顽强、勇于克服困难的精神，以及团结协作与同伴友好相处的优良品质。

（2）发展学生的反应、灵敏、协调等身体素质，提高对脚内侧运球的基本能力，80%的学生能够完成基本技术，20%的学生能够进行流畅的脚内侧S形运球。

（3）增强安全意识和防范能力、科学锻炼，充分做好准备活动。

三、学习重难点

学习重点：支撑脚与球的位置，运球时脚内侧触球的部位。

学习难点：重心的转换。

四、活动步骤

1. 热身活动

练习内容：①两人一组手拉手、面对面练习脚触球的模仿动作，两人同时出同一只脚进行触碰，稍提膝，注意节奏的稳定性；②后踢腿跑，要求脚跟踢到臀部；③要求每个同学在场地内任意去找足球，找到后围绕球跑一圈，在规定时间内看谁找得多。

2. 专门性准备活动

练习内容：①在老师的指引下，学生在指定的练习区域有序地进行曲线行进间双脚敲球游戏，距离15 m，每隔3 m放置一个标志盘，由慢到快循环练习，每人练习三圈。②内外踢腿练习，要求踢腿时手要摸到脚。③"救火"队员游戏，将全班同学分成10组，每4人一组，将圆圈外持球人掷进圆圈内的球及时踢出。结束时，圆圈内不多于3球则为胜。

3. 脚内侧运球

练习方法1：支撑脚在球的侧前方，膝关节稍弯曲，身体前倾，运球脚膝关节提起，用脚内侧推球的后中部前进，随后，运球脚自然着地，如图4-17所示。

练习方法2：运球时脚尖稍翘起，用脚的内侧向身体一侧推拨球的后中部，改变球的运行方向。

图4-17 脚内侧运球

4. 行进间练习脚内侧运球

练习方法：用6个标志盘设置间距为2m的Z字形场地4个，学生10人一组进行脚内侧变向运球练习。左脚内侧向右前方运球一次，换右脚向身体左侧变向扣球，使球改变方向，右脚向身体左前方运球一次，换左脚向身体右前方扣球，使球改变方向，左脚内侧向右前方运球一次。出标志区后直线运球到队伍后排等候下一次练习。

5. 脚内侧运球游戏

游戏方法1：（绕球回家）各组排头同学采用脚内侧的方法绕过前面的障碍物返回，将球交给本队的第2人。如此依次进行，以先到达的小队为胜。还可以通过"绕过曲折通道"的游戏培养学生的运球能力，提高学生的学习兴趣，如图4-18所示。

游戏方法2：甲方队员采用脚内侧运球连续绕过通道内的障碍，将球运到乙方队员脚下，游戏依次进行，每人做一次，以先做完的小队为胜。

游戏方法3：两个人或多人采用脚内侧运球的方法，左、右脚交替推拨球绕过标志筒后再运球返回，并把球踩停在起点处。先完成者为胜。

图4-18 脚内侧运球游戏

五、课课练

身体素质练习，发展学生的下肢力量。

练习方法1：往返跑游戏，4人一组，4人中间放一个标志筒，听到口令后4人同时出发，往返3个来回，先到达者为胜，以此类推，共3组。

练习方法2：摸球折返跑，两人一组，听到指令后迅速开始，在规定的时间内跑动次数多者为胜。

六、活动建议

（1）注意提醒学生身体重心的变化。

（2）适当融入足球规则教育。

（3）明确学习任务，脚触球的正确部位。

（4）引导学生抬头运球，要求身体放松，四肢协调用力。

第九节 "正脚背停球"教学活动

一、学习内容

正脚背停球

二、学习目标

（1）在学习活动中，体验小组合作学习，培养学生勇敢顽强、勇于克服困难的精神，以及团结协作与同伴友好相处的优良品质。

（2）发展学生的力量、速度、协调等身体素质，提高对脚背正面停球的基本能力，80%的学生能够独立完成基本技术动作，20%的学生能够做到准确将球停在脚上。

（3）增强安全意识和防范能力、科学锻炼，充分做好准备活动。

三、学习重难点

学习重点：对球落点的把控要适当，在合适的时机触球。

学习难点：灵活运用膝盖或脚踝控制正脚背对球卸力或稍微发力。

四、学习步骤

1. 热身活动

练习内容：①车轮跑，将学生分为10个小组，每4人一组，距离从起点到终点共30m，第一个人出发5m后下一个人出发，以此类推；②回来时练习胯下击掌，距离同车轮跑一致，每个人循环3次即可；③叫号接球，所有同学依次编号，圆圈内的人将球抛向空中同时喊出圆圈外的同学的号码，听到叫号的同学迅速跑进圈内接球。

2. 专门性准备活动

练习内容：①自抛自停练习，全班同学人手一球，自行将球抛向空中不宜超过头部，然后用脚将球接停在自己的脚背上，练习时间为5分钟；②一抛一接练习，两人一组交替进行；③球感练习，脚背正面颠球，练习时间为5分钟。

3. 正脚背停球

根据球的落点，及时移动到位，脚背正面迎下落的球，当球与脚面接触的那一瞬间，接球脚与球下落的速度同步下撤，此时大腿膝关节、踝关节、脚趾均保持适度的紧张，脚尖微翘将球接到需要的地方。用脚背正面接高空落下之球时，也可以将脚稍微抬起，并适度背屈，当球接触脚背的瞬间踝关节放松，将球接到身体附近。

易犯错误：①触球时，踝关节过于紧张，球停得离身体过远。②球接触脚背的后上部，缓冲不了来球的力量。③停球脚下撤太晚，使球不能随脚下撤。

4. 正脚背停球技术的教学方法

（1）初步掌握停球动作后，要使学生养成主动迎球和停球后迅速衔接下一个动作的好习惯。

（2）练习步骤上要先做模仿停球动作，体会动作方法，再自抛自停，互抛互停。先练习原地停球，逐渐过渡到迎面跑动停球。先练习向前和向两侧停球，再练习转身停球，正脚背停球。

（3）先练习停地滚球，再练习停空中球和反弹球。

（4）先练习停近距离和力量轻的来球，再练习停中、远距离和较大力量的来球。

（5）停球技术基本掌握后，再与停远球、停传球、停球射门等技术动作结合练习。

（6）可根据学生对停球技术动作掌握程序进行分组教学，并提出具体要求。

（7）停球技术教学，讲解和示范应尽量结合起来进行。重点讲解和示范停球的动作，特别是迎撤球的动作示范要做得慢一些，让学生更好地看清缓冲来球力量的动作。

（8）动作方法应按照判断选位、支撑脚位置、支撑腿的作用、停球动作、护球和与下一动作衔接的顺序进行有节奏的讲解。

（9）初学停球技术时，一般采用反复练习单个动作的方法。巩固提高和改进技术时，各种停球技术可交替练习。要多进行基本的停球方法练习，其他停球方法，可向学生做简单的介绍，在课上不用较多的时间进行练习。

5. 正脚背停球游戏

游戏方法：（击球踢准）全班同学分成10组，每4人一组，各组排头第一个同学距离标志物5m，每踢中一个得5分，在5分钟内累计得分最多的组为胜，以此类推，如图4-19所示。

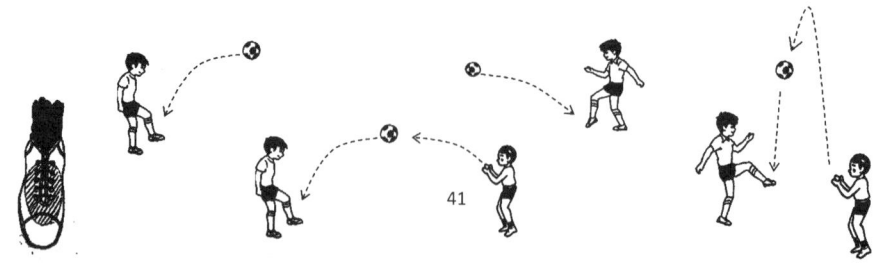

图4-19 正脚背停球游戏

五、课课练

通过游戏提高身体素质练习，发展学生快速反应能力。

练习方法：将所有同学依次编号，圆圈内的同学将球抛向空中并喊出圆圈外的同学的号码，听到叫号后，圆圈外的同学迅速进圈内接球。接到球后，接球人可继续叫下一名同学；如未接到，可由原叫号人在圆圈内继续叫号。练习时间为5分钟。

六、活动建议

（1）明确学习任务，停球的正确部位。

（2）引导学生触球时，避免踝关节过于紧张，球停得离身体过远。

第十节 "运球绕杆"教学活动

一、学习内容

运球绕杆

二、学习目标

（1）在学习活动中，培养学生勇敢顽强、勇于克服困难的精神，以及团结协作与同伴友好相处的优良品质。

（2）发展学生的反应、灵敏、协调、速度等身体素质，提高对"运球绕杆"的基本能力，80%的学生能够完成基本技术动作，20%的学生能够独立完成运球绕杆技术。

（3）增强安全意识，科学锻炼和充分做好准备活动。

三、学习重难点

学习重点：脚触球的部位准确，力度的控制及重心移动。

学习难点：运球绕杆时协调用力。

四、学习步骤

1. 热身活动

练习内容：①曲线跑游戏，游戏开始，学生分成10个小组，每组4人，在行进路线中每间隔5 m放置1个标志筒，学生在老师的指引下于指定范围内进行25 m曲线跑游戏；②换位跑游戏，在15 m×15 m的区域内分别标示出一个5 m×5 m的练习区，在场地中心处放置一个呼啦圈，学生分成13组，每3人一组；③蛇线运球游戏，把学生分成3~4组，在每组的前方放置几个标志筒，每个标志筒之间间隔2米。

2. 专门性准备活动

练习内容：①放置间隔距离2 m的标志杆8根，起点线距离第一根标志杆4 m，设置两排，练习时从右侧绕杆运球过去，从左侧运球回来；②球感组合练习，如踩球、拉球、拨球；③5 m折返跑练习，发展速度、灵敏等素质。

3. 运球绕杆

练习方法1：全班分成10组，从起点，间隔2根标志杆出发。在规定的场地内设置两根绕杆在运球场地循环练习。

练习方法2：绕杆中的触球技术，要求支撑腿微屈，击球脚脚尖翘起，用脚内侧（即脚弓）推击球的右后中部（以右脚为例）；击完球后，身体重心迅速跟上球，并且充分跑到球的左侧（这样有利于下一步的运球变向），换左腿做同样的动作，左右腿来回交替进行（注意：触球力量合适，在自己控制范围内）。

4．运球绕杆游戏

游戏方法1：划定25 m×5 m的区域，起点距离第一根杆4 m，8根杆距离各2 m，起点距离终点20 m。比赛从起始线开始运球出发，依次绕过间隔2 m的8根标志杆，以运球过终点线为胜。

游戏方法2：绕杆接力，听教师的口令，绕过每根标志杆，按老师要求的顺序触碰标志碟，到达终点后直线返回与下一个同学击掌而出。规则：必须按照老师规定的顺序用手触碰碟子。最快完成的队伍胜，如图4-20至图4-22所示。

活动场景一：

图4-20　运球绕杆游戏活动场景一

活动场景二：

图4-21　运球绕杆游戏活动场景二

活动场景三：

图 4-22　运球绕杆游戏活动场景三

5. 复习脚背内侧运球技术

要领：步幅小，脚跟抬起，髋关节展开，踝关节紧张，踢球的中下部。

五、课课练

发展学生实际操作能力及提高专项体能。

练习方法：10 人一组每组 4 人运球到对面交给队友，依次进行。可考虑每组指定一名小组长，在老师的指引下和区域内约 15 m 的路线内进行运球接力，运球方式不限，可根据实际情况进行调整。

六、活动建议

（1）教师组织好课堂常规，检查学生人数及安排见习。

（2）鼓励全体学生积极勇敢地参与教学活动。

（3）密切关注学生的学习状态及情绪。

（4）引导学生抬头运球，要求身体放松，四肢协调用力。

第十一节 "脚内侧踢空中球"教学活动

一、学习内容

脚内侧踢空中球

二、学习目标

（1）引导学生了解"脚内侧踢空中球"的技术动作原理，50%的学生基本可以掌握"脚内侧踢空中球"技术动作，30%的学生能正确地运用"脚内侧踢空中球"完成练习，20%的学生能够熟练运用脚内侧踢空中球到指定目标。

（2）发展学生上、下肢的协调能力，并运用脚法根据不同方向的来球把球踢到指定的位置。

（3）能体验踢中目标后获得成功乐趣，培养相互协助、坚持锻炼的良好品质。

三、学习重难点

学习重点：脚内侧踢空中球的技术动作与击球部位。

学习难点：击球后球的运动轨迹的控制。

四、学习步骤

1. 热身活动

练习内容：①教师带领学生进行1分钟的指定区域内自由慢跑活动，当迎面遇到同学时就快速用脚内侧轻碰一下，并相互问好；②两人一组手拉手围着一个足球移动脚内侧传球2分钟。

2. 专门性准备活动

练习内容：①学生两人一组相距5 m一传一停复习脚背内侧传接地滚球练习，活动时间为2分钟左右；②学生两人一组相离5 m用脚背内侧传球比赛，传的次数多为胜，练习为2分钟左右。

3. 自抛自踢练习脚内侧踢空中球

练习方法：听到老师的口令后，学生每人一球，每人用手抛空中球，然后用脚背内侧将球往上踢，最后用手接住，每次练习时间为2分钟左右。

4. 一抛一踢练习脚内侧踢空中球

练习方法：听到老师的口令后，学生两人一组距离 2 m 相向站立，其中一名学生用手抛空中球，另一名学生用脚内侧踢回给抛球的同学，每人完成 10 次后交换角色，每次练习时间为 2 分钟左右，如图 4-23 所示。

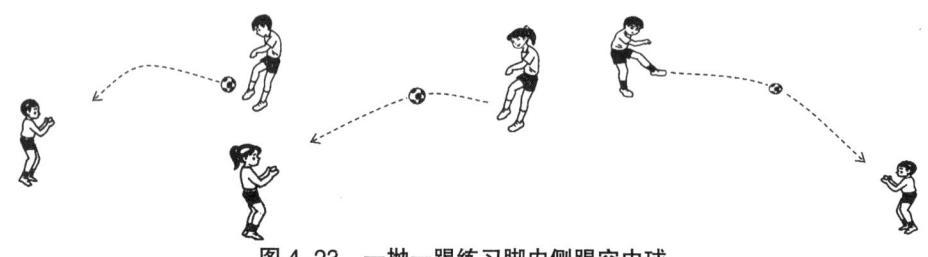

图 4-23　一抛一踢练习脚内侧踢空中球

5. 左右移动脚内侧踢空中球

练习方法：听到老师的口令后，学生两人一组距离 2 m 相向站立，其中一名学生用手抛左右 2 个方向的空中球，另一名学生用脚内侧踢回给抛球的同学，每人完成 10 次后交换角色，每次练习时间为 2 分钟左右。

6. 左右移动脚内侧踢空中球到指定位置

练习方法：听到老师的口令后，学生两人一组距离 2 m 相向站立，其中一名学生用手抛左右 2 个方向的空中球，另一名学生用脚内侧踢回到指定的位置，每人完成 10 次后交换角色，每次练习时间为 2 分钟左右。

7. 折返跑后用脚内侧踢空中球

练习方法：听到老师的口令后，学生两人一组距离 2 m 相向站立，其中先踢球的同学快速跑到 3 m 外的标志物后折返跑回来，用脚内侧踢球给抛球的同学，每人完成 10 次后交换角色，每次练习时间为 2 分钟左右。

8. 脚内侧相互踢球

练习方法：学生两人一组 3~5 m 相向站立，其中一名同学把球抛给另一名同学，两个人相互用脚内侧踢球给对方，直到球落地为一组，每次练习 3~5 组。

9. 脚内侧踢空中球比赛

练习方法：学生 5 人一组，其中 4 人成纵队站立，另外一名同学距离 3~5 m 相向站立抛球，抛球的同学依次抛球给对面的 4 名同学，要求 4 名同学把球踢到 5 m 远的球门里，进球多的一组为胜，练习3~5组。

五、课课练

发展下肢灵敏性和力量的练习。

1. 并脚前后跳

练习方法：每人在足球场上任意一条线前站立，听到老师的口令后，所有同学快速并脚前后跳，频率要快，每组20次，练习2~3组。

2. 蚂蚁搬家

练习方法：听到老师的口令后，所有同学把足球举在头顶，进行鸭子步走，注意听老师的指令，变换不同的方向，练习2~3组。

六、活动建议

（1）教师交代好课堂纪律，并检查学生的见习情况。
（2）鼓励学生勇敢参与练习活动，并发扬吃苦耐劳的精神。
（3）练习过程应灵活多变，密切关注学生的情绪变化，运用各种手法增加学生的运动强度和练习密度。

第十二节 "运球过人"教学活动

一、学习内容
运球过人

二、学习目标
（1）引导学生了解"运球过人"的技术动作原理，80%的学生基本可以掌握"运球过人"的技术原理，10%的学生能连贯地完成"运球过人"的技术动作，10%的学生能够熟练运用"一拨一推组合过人"技术并应用于实战当中。
（2）发展学生上、下肢的协调能力，并能根据不同情况运用不同的"运球过人"技术。
（3）能体验运球绕杆射门后成功的乐趣，培养相互协助、坚持锻炼的良好品质。

三、学习重难点
学习重点：体验"一拨一推组合过人"技术。
学习难点：控球的稳定和身体协调。

四、学习步骤

1. 热身活动

练习内容：①全体学生在指定区域内完成1分钟的自由式蛇形慢跑活动，跑动过程中遇到同学或地上的标志物时做快速变向动作；②完成2分钟纵向和横向相结合的蛇形叫号跑。

2. 专门性准备活动

练习内容：①1分钟双脚交替踩球绕圈；②1分钟行进间蛇形双脚交替踩球；③2分钟纵向和横向相结合蛇形运球叫号跑。

3. 脚背外侧运球

练习方法：每人一球，听到老师的口令后，学生运用脚背外侧运球依次绕过不同的标志物，能保持在自己的控制范围，失球后重新开始，每次练习时间为2分钟左右。

4. 脚内侧拨球练习

练习方法：每人一球，听到老师的口令后，学生运用脚内侧拨球练习，使球始终能保持在自己的控制范围，在球失去控制时可立即重新开始，每次练习时间为2分钟左右。

5. 一拨一推练习

练习方法：每人一球，听到老师的口令后，学生运用脚内侧拨球闪开地下的标志碟，然后用脚背外侧向前一推，形成过人的技术组合，每次练习时间为2分钟左右。

6. 两人一组一拨一推练习

练习方法：两人一组，每组一个足球，两人形成一攻一守的站位，听到老师的口令后，进攻的学生运用一拨一推的过人技术甩掉防守队员，相互交换角色练习，每次练习时间为2分钟左右。

7. 两人一组运用过人技术练习

练习方法：两人一组，每组一个足球，两人形成一攻一守的站位，听到老师的口令后，进攻的学生运用一拨一推的过人技术甩掉防守队员形成射门，若进球防守方队员则要深蹲5次，若没进球进攻方队员则深蹲5次，每次练习时间为2分钟左右，如图4-24所示。

图4-24　两人一组运球过人练习

8. 学生自主创造组合过人技术动作

练习方法：4人一组，攻守方各2人，2组同学一攻一守的站位，听到老师的口令后，进攻的学生运用过人技术或配合战术甩掉防守队员形成射门，每次练习时间为2分钟左右。

五、课课练

发展上、下肢灵敏性的练习。

1. 折返跑

练习方法：听到老师的口令后，所有学生快速跑到距离最近的足球用手触摸球后再继续去触摸下一个球，不可以重复触摸同一个球，每人触摸10个球后就在第10个球旁边站立并举手示意，练习2~3组。

2. 折返跑抛接球

练习方法：听到老师的口令后，所有学生原地向上抛起足球后迅速跑去触摸指定的标志杆后返回接刚才抛出的足球，练习2~3组。

六、活动建议

（1）教师交代好课堂常规，并检查学生的见习情况。

（2）鼓励学生勇敢参与练习活动，发扬吃苦耐劳的精神。

（3）练习过程应灵活多变，密切关注学生的情绪变化，运用各种手法增加学生的运动强度和练习密度。

第十三节 "脚内侧停空中球"教学活动

一、学习内容

脚内侧停空中球

二、学习目标

（1）引导学生了解"脚内侧停空中球"的技术动作原理，70%的学生能正确地运用"脚内侧停空中球"完成练习，20%的学生能正确地运用"脚内侧停空中球"把足球停在可控范围，10%的学生能够运用脚内侧把球停在1.5 m范围内。

（2）发展学生上、下肢的协调能力，并运用脚内侧把球停在可控范围之内。

（3）体验足球运动的乐趣，培养相互协助、坚持锻炼的良好品质。

三、学习重难点

学习重点：脚内侧停空中球的技术动作与触球部位。

学习难点：停球后对球的控制距离。

四、学习步骤

1. 热身活动

练习内容：①教师带领学生进行1分钟的指定区域内自由慢跑活动，当迎面遇到同学时就快速用脚内侧轻碰一下，并相互问好；②脚内侧颠球练习2分钟。

2. 专门性准备活动

练习内容：①学生两人一组相距5 m一传一停复习脚内侧传接地滚球，练习时间为2分钟左右。

3. 一抛一停练习脚内侧停空中球

练习方法：听到老师的口令后，学生两人一组相距2 m相向站立，其中一名学生用手抛高控球，另一名学生完成脚内侧停球练习，之后两名同学交换练习，每组练习持续2~3分钟，如图4-25所示。

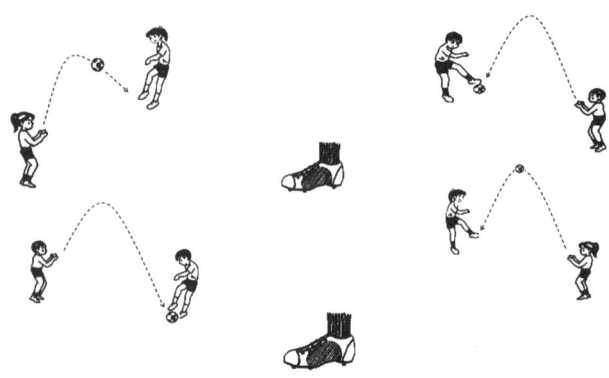

图 4-25 一抛一停练习脚内侧停空中球

4. 左右移动脚内侧停空中球

练习方法：听到老师的口令后，学生两人一组相距 3~5 m 相向站立，一人用手抛左、右两个方向的空中球，一人用脚背内侧停在 1.5 m 的范围之内，然后相互交换角色练习，每次练习时间为 2 分钟左右。

5. 左右移动，脚内侧停空中球到指定位置

练习方法：听到老师的口令后，学生两人一组相距 3~5 m 相向站立，一人用手抛空中球，一人用脚内侧把球停在自己的控制范围之内，抛球的同学看到对方脚触球时马上去抢球，如果抢到球，对方要做 5 个俯卧撑，然后相互交换角色练习，每次练习时间为 2 分钟左右。

6. 折返跑后用脚内侧停空中球

练习方法：听到老师的口令后，学生两人一组相距 3~5 m 相向站立，踢球的同学先跑到旁边 3 m 的标志物后折返回来用脚内侧停球，相互交换角色练习，每次练习时间为 2 分钟左右，如图 4-26 所示。

图 4-26 折返跑后用脚内侧停空中球

7. 一踢一停练习用脚停空中球

练习方法：学生3人一组，其中两人距离5~10 m相向站立，第3名同学站在中间，当一名同学踢空中球给对面的同学时，另外一名同学用脚内侧把球停在自己的可控范围之内，中间的同学马上上前抢球，抢到球了就交换角色，抢不了就继续练习，练习时间为3分钟。

五、课课练

发展下肢灵敏性和力量的练习。

练习方法：绳梯训练，引导学生复习并回顾热身活动部分的练习及专门性准备活动的练习，并鼓励学生创造各种下肢协调性的练习手段。

六、活动建议

（1）教师交代好课堂常规，并检查学生的见习情况。
（2）鼓励学生勇敢参与练习活动，并发扬吃苦耐劳的精神。
（3）密切关注学生的情绪变化，适当增加学生的运动强度和练习密度。

第十四节 "运球绕杆射门"教学活动

一、学习内容

运球绕杆射门

二、学习目标

（1）引导学生理解"运球绕杆射门"的技术动作原理，50%的学生基本可以掌握"运球绕杆射门"整个技术环节并完成练习，30%的学生能连贯地完成"运球绕杆射门"整个技术环节，20%的学生能够熟练运球绕杆后射门。

（2）发展学生上、下肢的协调能力，并能根据不同情况运用不同的运球技术和射门脚法。

（3）体验运球绕杆射门后成功的乐趣，培养相互协助、坚持锻炼的良好品质。

三、学习重难点

学习重点：运球技术动作和射门技术动作相结合。

学习难点：对球的控制和射门的准确程度。

四、学习步骤

1. 热身活动

练习内容：①1分钟蛇形绕标志物慢跑；②2分钟纵向和横向相结合蛇形叫号跑。

2. 专门性准备活动

练习内容：①1分钟双脚交替踩球绕圈；②1分钟行进间蛇形双脚交替踩球；③2分钟纵向和横向相结合蛇形运球叫号跑。

3. 运球绕标志物练习

练习方法：听到老师的口令后，学生运用各种脚法运球绕圈，能保持在自己的控制范围，依次绕过不同的标志物，在球失去控制时可立即重新开始，每次练习时间为2分钟左右。

4. 2人一组绕标志物运球练习

练习方法：学生2人持球对面站立，听到老师的口令后，学生运用运球脚法"8"字形路线运球，绕过对方的标志后运球回到原位，使球始终能保持在自己的控制范围，在球失去控制时可立即重新开始，每次练习时间为2分钟左右。

5. 4人一组运球绕标志物练习

练习方法：学生4人一组分2组对面站立，听到老师的口令后，学生运用运球脚法蛇形运球绕过标志物后，将球传给对面的同学。

6. 4人一组运球绕杆射门练习

练习方法：学生4人一组分2小组对面站立，每小组一人运球，一人守门，听到老师的口令后，学生运用运球脚法运球绕过蛇形标志物后射门，守门的学生接到球后运球，最先运球的学生就当守门员，每次练习3~5组。

7. 4人一组绕Z形路线运球绕杆射门练习

练习方法：学生4人一组分2小组对面站立，每小组一人运球，一人守门，听指令运球绕过Z形路线后射门，守门的学生接到球后运球，然后两人交换角色练习，每次练习3~5组，如图4-27所示。

图4-27 4人一组绕Z形路线运球绕杆射门练习

8. 4人一组运球绕杆射门练习

练习方法：学生4人一组按顺序排好队，每人一个足球，听到老师的口令后，排在第一位的学生先运用运球脚法蛇形运球绕过标志杆后射门，射门未进的学生把球拿回重先排队，依次类推，直到所有的学生都能运球绕杆并能射进球门，用时最少的一组为胜，练习3~5组，如图4-28所示。

图 4-28　4 人一组运球绕杆射门练习

五、课课练

发展上、下肢灵敏性的练习。

1．折返跑

练习方法：听到老师的口令后，所有学生都快速跑到距离最近的足球旁用手触摸球后再继续去触摸下一个球，不可以重复触摸同一个球，触摸 10 个球后的学生就在第 10 个球旁边站立并举手示意，练习 2~3 组。

2．折返跑抛接球

练习方法：听到老师的口令后，所有学生都原地向上抛起足球后，然后迅速跑去触摸指定的标志杆后返回接刚才抛起的足球，练习 2~3 组。

六、活动建议

（1）教师交代好课堂纪律，并检查学生的见习情况。

（2）鼓励学生勇敢参与练习活动，并发扬吃苦耐劳的精神。

（3）密切关注学生的情绪变化，运用各种手法增加学生的运动强度和练习密度。

第十五节 "颠球"教学活动

一、学习内容

颠球

二、学习目标

（1）引导学生了解"颠球"的技术动作原理，50%的学生能够连续颠球4次以上，30%的学生能够连续颠球6次以上，20%的学生能够连续颠球8次以上。

（2）发展学生上、下肢的协调能力，并运用脚背或大腿正面连续颠球。

（3）使学生能体验踢中目标后获得成功的乐趣，培养相互协助、坚持锻炼的良好品质。

三、学习重难点

学习重点：触球位置的掌握。

学习难点：颠球力度和颠球动作方法的掌握。

四、学习步骤

1．热身活动

练习内容：①做5组左右慢速个人10秒钟原地、行进间高抬腿练习；②做5组左右匀速个人15秒钟原地左右脚体前、体侧连续踢腿练习。

2．专门性准备活动

练习内容：①拉球练习，将静止的球拉滚到脚背上，练习1分钟左右；②将静止的球挑起，练习2分钟左右。

3．大腿颠球练习

练习方法：准备姿势，学生每人手持装有足球的球网于体前，听到老师的口令后，依次用大腿触碰足球底部，每次练习时间为3分钟左右，如图4-29所示。

图 4-29 大腿颠球练习

4．脚背正面颠球练习

练习方法：准备姿势，学生每人手持装有足球的球网于体前，听到老师的口令后，依次用同一只脚的脚背正面或两脚依次用脚背正面触碰足球底部，每次练习时间为 3 分钟左右，如图 4-30 所示。

图 4-30 脚背正面颠球练习

5．自抛自颠球练习

练习方法 1：听到老师的口令后，学生每人一球，将球抛起后用大腿练习颠球，每次练习 3 分钟左右。

练习方法 2：听到老师的口令后，学生每人一球，将球垂直抛起，然后脚背正面练习颠球，每次练习 3 分钟左右。

练习方法 3：听到老师的口令后，学生每人一球，将球垂直抛起，然后用脚背正面或大腿练习颠球，每次练习 3 分钟左右。

6．用脚挑起颠球练习

练习方法：听到老师的口令后，学生每人一球并将球放在脚的正前方，用脚尖将球挑起后用大腿或脚背正面练习颠球，每次练习 3 分钟左右，如图 4-31 所示。

图 4-31 脚背挑起颠球练习

7. 颠球比赛

练习方法：学生两人一组相距 3 m 相向站立，其中一名学生用脚将球挑起，至少颠 2 次球后再将球传给队面，另一名学生用大腿或脚背正面接到球后继续颠球，颠球不少于 2 次为成功，整个过程中球不可以掉地，2 人加起来颠球次数最多者为胜，练习时间为 3~5 分钟，如图 4-32 所示。

图 4-32 颠球比赛

四、课课练

发展下肢灵敏性和力量的练习。

1. 折往跑

练习方法：学生两人一组进行颠球比赛，成功颠 3 次以上为有效颠球，例如其中一人颠球 5 次，与他同组比赛的同学要折往跑 5 次，如果颠球少于 3 次相当于颠球失败，颠球同学要折往跑 3 次，然后轮到对方颠球，练习时间为 4 分钟。

2. 立卧撑

练习方法：每人手持一球，听到老师的口令后，双手向上将球抛出，然后完成一个立卧撑后起身接住球，练习3~5组。

五、活动建议

（1）教师交代好课堂常规，并检查学生的见习情况。

（2）鼓励学生勇敢参与练习活动，并发扬吃苦耐劳的精神。

（3）练习过程应灵活多变，密切关注学生的情绪变化，运用各种手法增加学生的运动强度和练习密度。

第五章
校园小足球竞技类活动体系实践范例

水平一	水平二	水平三
一分钟双脚交替踩球	"谁是传球王"	"环游中国"
"双脚脚掌交替推球"迎面接力	"分秒必争"	"黄金矿工"
"双脚脚掌交替拉球"迎面接力	"谁是射手王"	"击保龄球"
"点球大战"	"对墙踢反弹球"	"单枪匹马"
"你追我赶"	"保龄球大战"	"一击即中"

第一节　一分钟双脚交替踩球

一、活动目标

（1）掌握双脚交替踩球的动作方法，提高控球能力。

（2）发展身体的协调能力和灵敏性，提高身体的控制能力。

（3）提高学生对足球运动的兴趣，培养学生团结协作意识和集体主义精神。

二、适用阶段

适用阶段为水平一、水平二的学生。

一分钟双脚交替踩球是培养足球运控球技术的重要内容之一。通过一分钟双脚交替踩球比赛不仅可以提高学生的控球能力，同时对提高学生的协调性、灵敏度等身体素质也有促进作用，并且对培养学生终身体育的意识有积极的影响；一分钟双脚交替踩球技术适用于水平一、水平二的学生，该技术动作简单易学，对身体能力要求不高，符合小学阶段水平一、水平二的学生技能发展水平、认知水平和动作能力的特点。

三、活动人数

一年级至四年级各班，每班派出男生10人、女生10人，共20人参加该项比赛。

四、场地器材

场地：足球场1个。

器材：足球10个。

五、活动时间

各年级各班可以通过体育课、大课间或者趣味运动会进行比赛。

六、比赛方法

（1）如图5-1所示，在足球场地上画出10个2m×2m的方格足球场地，每个场地一名学生进行比赛，并安排一名裁判员记录成绩。

（2）发令前，参赛运动员按报名编号站在指定的编号位置上，每个学生1个足球，把球放在指定位置等候。

（3）发令后，比赛开始，双脚脚掌依次轻轻踩在球的上部，左右脚交替踩球，一分钟内踩球次数最多者为胜，依据完成的踩球次数排名。

（4）10名男生、10名女生分两组进行比赛，各自完成比赛后，奖励男子组前三名和女子组前三名，以及总成绩的前八名。

图 5-1　一分钟双脚交替踩球比赛

七、比赛规则

（1）比赛时要求脚掌触碰到球。

（2）若球被踢出或滚出指定区域，学生应迅速调整或捡回球，再继续进行比赛，未在指定地点完成比赛的，成绩无效。

（3）一分钟内完成踩球次数最多者为胜，男、女生分两组进行比赛，各自完成比赛后，根据比赛成绩，评选出男子组前八名、女子组前八名，以及总成绩的前八名。

八、活动建议

（1）在比赛之前需要做好充分的热身活动，注意安全，避免受伤，比赛时遵守竞赛规则。

（2）为了使比赛更加公平、公正，可以在比赛前安排裁判员进行计数训练，让比赛结果更加真实有效。

（3）比赛可以根据场地、器材、班级参与人数、学生个人能力等情况，变换比赛方式及方法，适当调整竞赛的易难点，增加练习手段，以增强竞技性，提高学生对足球运动的兴趣。

第二节 "双脚脚掌交替推球"迎面接力

一、活动目标

（1）掌握"双脚脚掌交替推球"的动作方法，提高控球能力。
（2）发展身体的协调能力和灵敏性，提高身体机能水平。
（3）培养果敢、机敏和顽强的心理品质，提高抗挫折意识和调节情绪的能力。

二、适用阶段

适用阶段为水平一、水平二的学生。

双脚脚掌交替推球是足球运控球技术的重要内容之一。通过双脚脚掌交替推球接力比赛，不仅可以提高学生的控球能力，同时有利于提高学生的协调、灵敏等身体素质；双脚脚掌交替推球技术适用于小学阶段水平一、水平二的学生，该技术动作简单易学，对身体要求不高，符合小学阶段水平一、水平二的学生的认知能力、动作能力及技能发展的特点。

三、活动人数

一、二年级各班，每班派出男生10人、女生10人，共20人参加该项比赛。

四、场地器材

足球10个，足球场1个。

五、活动时间

各年级各班可以通过体育课、大课间或者趣味运动会进行比赛。

六、比赛方法

（1）如图5-2所示，集体赛分年级进行，以班级为单位，每班派出10名男生、10名女生，分两队进行比赛，分别评选出男、女队各前三名及成绩总分前八名。

（2）足球场地为10 m×20 m，起点和终点出各画出一条预备线和一个直径1米的起点圈，发令前参赛运动员按报名编号站在指定的位置上，两边各站5人，球放在预备线的圆圈中，运动员等待发令。

（3）比赛开始，第一个队员站在发令圈中，先用右脚（右脚为例）脚掌踩住球的上部向前推球，然后跳换左脚脚掌踩住球的上部向前推球。双脚交替进行，到达对面时将球停在圆圈内，然后相互击掌完成交接，对面第一个队员用同样方式进行双脚交替推球到圆圈内，依此类推，直到最后一名队员到终点线，计算各队完成的时间，用时少者优胜。

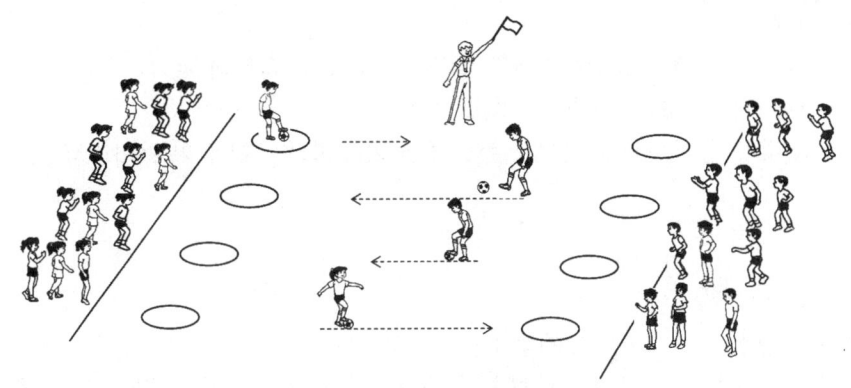

图 5-2　双脚脚掌交替推球比赛

七、比赛规则

（1）发令前参赛运动员按报名编号站在指定的起点位置上，用一只脚踩住球，其他参赛队员在预备线外等候。

（2）只能用脚掌踩住球的上部交替连续向前推球，不能出现其他推球动作或踢球动作，如果出现违规动作，每出现一次则加罚5秒。

（3）每次交替推球一次，如出现推一次球，跑几步再推球，就视为违规，每出现违规一次则加罚5秒。

（4）10男、10女各自完成比赛，用时少者为胜，分别评选出男、女队各前三名及成绩总分前八名。

八、活动建议

（1）在比赛之前需要做好充分的热身活动，注意安全，避免受伤。

（2）遵守竞赛规则，若在比赛过程中出现违规现象，裁判员应及时提出，要求比赛人员回到犯规地点继续比赛。

（3）比赛可以根据场地、器材、班级参与人数、学生个人能力等情况，变换比赛方式，以增强竞技性。

第三节 "双脚脚掌交替拉球"迎面接力

一、活动目标

（一）掌握"双脚脚掌交替拉球"的动作方法，提高控球能力。

（二）提高对足球的感知能力，发展体能。

（三）培养学生对足球运动的兴趣，培养顽强果敢、机智果断和遵守规则的优良品质。

二、适用阶段

适用阶段为水平一、水平二的学生。

双脚脚掌交替拉球是足球运控球技术的重要内容之一。通过双脚脚掌交替拉球比赛，不仅可以提高学生的控球能力，同时有利于提高学生的协调、灵敏等身体素质；双脚脚掌交替拉球技术适用于小学阶段水平一、水平二的学生，该技术动作简单易学，对身体要求不高，符合小学阶段水平一、水平二的学生的认知能力、动作能力及技能发展的特点。

三、活动人数

一、二年级各班，每班刚派出男生10人、女生10人，共20人参加该项比赛。

四、场地器材

足球10个，足球场1个。

五、活动时间

各年级各班可以通过体育课、大课间或者趣味运动会进行比赛。

六、比赛方法

（1）如图5-3所示，集体赛分年级进行，以班级为单位，每班派出10名男生、10名女生，分两队进行比赛，根据完成时间，分别评选出男、女队各前三名及成绩总分前八名。

（2）足球场地为10 m×20 m，起点和终点处各画出一条预备线和一个直径1 m的起点圈，发令前参赛运动员必须按报名编号站在指定的位置上，两边各站5人，球放在预备线的圆圈中，参赛队员等待发令。

（3）比赛开始，第一个队员站在发令圈中，先用右脚（右脚为例）脚掌踩住球的上部向后拉球，然后跳换左脚脚掌踩住球的上部向后拉球。双脚交替进行，到达对面时将球拉停在圆圈内，然后相互击掌完成交接，对面第一个队员用同样方式进行双脚交替拉球到对面圆圈处。依此类推，直到最后一名队员到终点线，计算各队完成的时间，用时少者优胜。

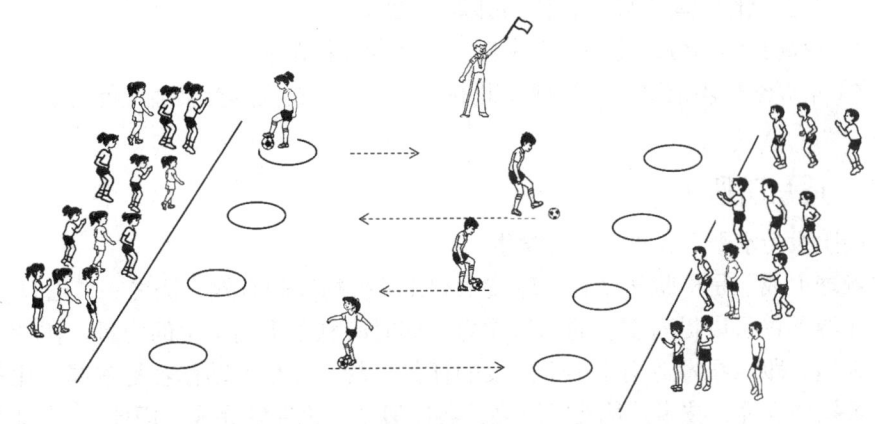

图 5-3　"双脚脚掌交替拉球"迎面接力比赛

七、比赛规则

（1）发令前参赛运动员按报名编号站在指定的起点位置上，一脚踩住球，其他参赛队员在预备线外等候。

（2）只能用脚掌踩住球的上部交替连续向后拉球，不能出现其他拉球动作或踢球动作，如果出现违规动作，每出现一次则加罚5秒。

（3）每次交替拉球一次，如出现拉一次球，跑几步再拉球，就视为违规，每出现违规一次则加罚5秒。

（4）10男、10女各自完成比赛，用时少者为胜，分别评选出男、女队各前三名及成绩总分前八名。

八、活动建议

（1）在比赛之前需要做好充分的热身活动，注意安全，避免受伤。

（2）遵守竞赛规则，若在比赛过程中出现违规现象，裁判员应及时提出，要求比赛人员返回犯规地点继续比赛。

（3）比赛可以根据场地、器材、班级参与人数、学生个人能力等情况，变换方式进行竞赛，适当调整竞赛的易难点，增加练习手段，以增强竞技性，提高学生对足球的兴趣，并掌握双脚脚掌交替拉球的动作要领。

第四节 "点球大战"

一、活动目标

（1）掌握点球的动作要领，提高脚踢球技术水平。
（2）提高身体的协调能力、平衡性、灵敏性及控制能力。
（3）培养学生团结协作、互帮互助的优秀品质，提高其社会适应能力。

二、适用阶段

适用阶段为水平一、水平二的学生。

"点球大战"是检验学生脚踢球技术动作掌握情况的有效方法之一，通过"点球大战"比赛不仅可以提高学生的踢球能力，同时有利于提高学生的力量、协调、灵敏等身体素质；踢球技术适用于小学阶段的任何年龄，该技术动作容易掌握，比赛要求不高，可操作性强，技术技能要求不高，各阶段学生都能够完成，因此，"点球大战"比赛符合各年龄段的学生技能发展水平、认知水平、动作能力的特点。

三、活动人数

一年级至六年级各班，每班上报男生守门员1名、踢球队员10名、女生守门员1名、踢球队员10名，共22人参加该项比赛。

四、场地器材

足球10个，足球场1个。

五、活动时间

各年级各班可以通过体育课、大课间或者趣味运动会进行比赛。

六、比赛方法

（1）如图5-4所示，比赛分年级进行，以班级为单位，按抽签排序，编排对阵表，进行班级淘汰赛，直到评选出各班前三名。

（2）在比赛前，上报男女守门员各1名，两个班级进行点球对抗赛，每班男女各10人踢球，每人踢1球，双方轮换踢球和守门，依此循环，进球得1分。按照比赛男女生总成绩分出班级胜负，如比分出现相同，则进行加赛1球，直至分出胜负。

（3）比赛按照抽签形式挑选先后守门（踢球）顺序。

（4）参赛运动员按报名编号站在指定的位置上，等待踢点球。

（5）点球时，守门员按要求站在球门门线上。

图 5-4　"点球大战"

七、比赛规则

（1）定点射门，按照对阵班级及报名编号顺序在点球点上依次进行点球。

（2）比赛过程中，必须由比赛人员单独一人完成摆球、射门、捡球等动作。

（3）守门员在踢球前不得离开球门线，提前离开视为犯规，要重新踢点球。

（4）踢球队员踢球时动作连贯，不得通过不正当的手段进行点球得分。

（5）每名队员比赛时间不超过 3 分钟。

八、活动建议

（1）在比赛之前需要做好充分的热身活动，注意安全，避免受伤，比赛时遵守竞赛规则。

（2）提前做好班级对阵表，以抽签的形式进行落位编排，比赛前编排好班级踢球队员的比赛顺序，记录比赛成绩。

（3）比赛可以根据场地、器材、班级参与人数等情况，调整竞赛的易难程度，以增强竞技性，提高学生对足球的兴趣，从而提高学生踢球的能力，做到真正掌握踢球的动作要领。

第五节 "你追我赶"

一、活动目标
（1）掌握脚背外侧运球以及脚背正面运球的动作方法，提高运球速度和控球能力。
（2）提高身体的协调能力和对球的感知能力，发展体能。
（3）培养学生对足球运动的兴趣，培养遵守规则、机智果断、互敬有爱的优良品质。

二、适用阶段
适用阶段为水平二至水平三的学生。

脚背外侧运球以及脚背正面运球是小学球类的重要内容之一。通过学习脚背外侧运球以及脚背正面运球，不仅可以提高学生的控球能力，发展学生的奔跑速度，同时有利于提高学生的协调、灵敏、力量等身体素质。脚背外侧运球以及脚背正面运球动作技能符合该水平阶段学生的认知、动作能力特点，该阶段学生的感知觉能力发展迅速，注意力集中的时间变长，身体素质的各项指标均有提高，心肺功能显著发展。

三、活动人数
三年级至六年级各班，每班派出男生10名、女生10名，共20人参加该项比赛。

四、活动时间
各年级各班可以通过体育课、大课间或者趣味运动会进行比赛。

五、活动器材
标志杆24根，足球4个，足球场1个。

六、比赛方法
（1）如图5-5所示，集体赛分年级进行，以班级为单位，每班派出10名男生、10名女生，分成两组，每组10人形成一路纵队站在指点位置准备比赛。
（2）比赛开始时，甲队第一位学生用脚进行曲线运球绕过标志杆，当球绕过最后一根标志杆后将球传给乙队第一位学生，乙队第一位学生用同样方式进行运球。
（3）20名同学依此类推运球接力，以最后一名学生和球过终点线后比赛结束，最先完成的班级为胜。

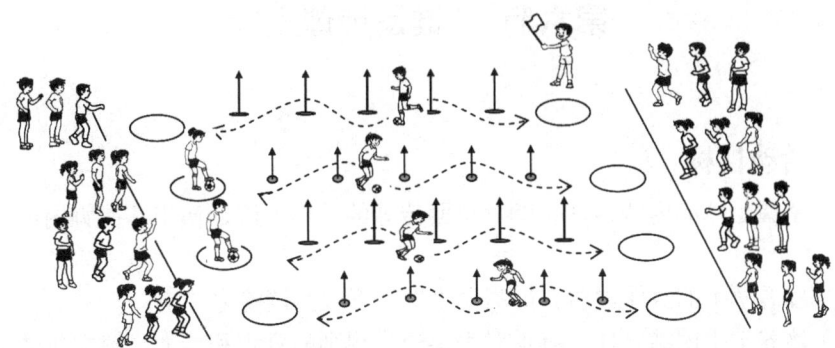

图 5-5 "你追我赶"

七、比赛规则

（1）发令前参赛运动员按报名编号站在指定的位置上。

（2）蛇形绕过标志杆，少绕一根加罚 5 秒。

（3）比赛中如果球离开比赛区域，应立即将球捡回，再继续进行比赛。

（4）完成比赛用时最少者为胜。

八、活动建议

（1）比赛前需要做好充分的热身活动，注意安全，避免受伤。

（2）学生可以根据场地、器材、人数、个人能力情况，变换方式进行竞赛，适当调整竞赛的易难点，增加练习手段，以增强竞技性，提高学生对足球的兴趣，并掌握运球的动作要领。

第六节 "谁是传球王"

一、活动目标

（1）掌握足球脚内侧传球、脚背正面传球的动作方法，初步掌握脚内侧踢球的动作要领。

（2）发展学生的身体素质，提高学生上、下肢协调能力。

（3）培养学生团结合作、尊重对手、遵守规则的意识和能力，树立集体荣誉感，养成良好的体育道德。

二、适用阶段

适用阶段为水平二至水平三的学生。

传球和射门动作简单易学，符合小学阶段水平二、水平三的学生的认知能力、动作能力及技能发展的特点，但要真正熟练掌握还得通过反复练习，因此本活动比较适宜中高年级的学生。

三、活动人数

三年级至六年级各班，每班派出男生10名、女生10名，共20人参加该项比赛。

四、活动时间

各年级各班可以通过体育课、大课间或者趣味运动会进行比赛。

五、活动器材

标志碟10个，标志服10件，足球10个。

六、比赛方法

（1）如图5-6所示，以班级为单位，每班派出10名男生、10名女生，20人分成10组，每两人为一组，站在指定位置，足球统一放在提前摆好的标志碟上。

（2）比赛开始时，两人相隔4m面对面站立，用脚内侧或者脚背正面相互传球，如果球传出线或者失误可以捡回来继续传。

（3）20个学生分成两路纵队并相隔4m面对面站立，在1分钟内传球成功的总数为本班最后成绩，传球总数最多的班级为胜，依次进行排名。

图 5-6　"谁是传球王"

七、比赛规则

（1）发令前参赛运动员必须按报名编号站在指定的位置上，在球后方做好准备。

（2）用脚内侧或者脚背正面传球，传球时球必须在有效范围线内进行才有效，越线传球，该次传球无效。

（3）球踢到外面可以捡回去，但必须放在线外再踢。

（4）计算各班参赛人员传球次数总数，多者为胜。

八、活动建议

（1）比赛前需要做好充分的热身活动，注意安全，避免受伤。

（2）学生可以根据场地、器材、人数、个人能力情况，变换方式进行竞赛，适当调整竞赛的易难点，增加练习手段，以增强竞技性，提高学生对足球的兴趣，并掌握传球的动作要领。

第七节 "分秒必争"

一、活动目标

（1）基本掌握足球正脚背颠球、脚内侧颠球、大腿颠球等身体各部位颠球的动作方法。

（2）提高学生的身体素质，及上、下肢协调能力。

（3）培养学生的自尊心和自信心，鼓励学生勇于克服困难，逐渐形成坚强的意志品质。

二、适用阶段

适用阶段为水平一至水平三的学生。

颠球是指运动员用身体的各个有效部位连续地触击球，并加以控制，尽量使球不落地的技术动作。颠球能增强对球的弹性、重量、旋转及触球部位、击球时用力轻重的感觉，是练习球感的最重要内容之一，适用于水平一至水平三的学生。通过各种方法的颠球练习不仅可以提高学生的控球能力，同时也能提高学生的协调能力和灵敏度，并且对培养学生终身体育的意识有积极的影响。

三、活动人数

以班级为单位，每班派出10名男生、10名女生，分成两组，每组10人同时进行比赛。

四、活动时间

各年级各班可以通过体育课、大课间或者趣味运动会进行比赛。

五、活动器材

足球场1个，标志碟、标志服、足球若干。

六、比赛方法

（1）如图5-7所示，以班级为单位，每班派出10名男生、10名女生，分成两组，每组10人，同时站在指点位置准备比赛。

（2）比赛开始时每人手抱一个足球，待教师发令后学生用身体的各个部位（除手）进行颠球，球落地后可以捡起来继续颠球。

图 5-7 "分秒必争"

七、比赛规则

（1）竞赛过程中教师提醒学生应时刻集中注意力，鼓励学生快速颠球并不怕掉球失误。

（2）引导学生在各自熟悉部位进行颠球的基础上采用身体各种合理的部位尝试颠球。

（3）20 名学生在一分钟内颠球成功的总数为该班的最后成绩，颠球总数多的班级为胜，依次进行排名。

八、活动建议

（1）比赛前需要做好充分的热身活动，注意安全，避免运动损伤。

（2）学生可以根据场地、器材、人数、个人能力情况，变换方式进行竞赛，适当调整竞赛的易难点，增加练习手段，以增强竞技性，提高学生对足球的兴趣，并掌握颠球的动作要领。

第八节 "谁是射手王"

一、活动目标

（1）了解和掌握足球脚内侧射门、脚背正面射门的动作方法及练习方法，提高学生的射门技能。

（2）发展学生灵敏、速度、协调等身体素质。

（3）发挥学生的主动性，增强学生的团队意识和集体荣誉感，体验足球运动带来的乐趣，及成功的喜悦。

二、适用阶段

适用阶段为水平二至水平三的学生。

射门是踢球技术在比赛中的运用，射门技术的好坏既与踢球技术动作掌握的程度有关，又与射门意识有关，要求学生具有射门的意识与欲望，同时拥有沉着冷静等良好的心理素质；水平二、水平三阶段的学生已掌握了一定的踢球基本技能技术，对踢球射门有较强的渴望；射门动作技术适用于水平二、水平三的学生，该技术动作容易掌握，可操作性强，技术技能要求不高，中高年级学生都能够完成，因此设置"谁是射手王"比赛符合中高年级的学生技能发展水平、认知水平、动作能力特点。

三、活动人数

三年级至六年级各班，每班派出男生10名、女生10名，共20人参加该项比赛。

四、活动时间

各年级各班可以通过体育课、大课间或者趣味运动会进行比赛。

五、活动器材

足球门2个，标志碟4个，足球4个。

六、比赛方法

（1）如图5-8所示，以班级为单位，每班派出10名男生、10名女生，分成两组，每组10人同时站在距球门6 m处的指定位置准备比赛。

（2）比赛开始时，学生用脚内侧或者脚背正面将球踢向球门，踢进一球为1分。

（3）20名学生在1分钟内踢球入门之和为该班的最后成绩，进球最多的班级为胜，依次进行排名。

图 5-8 "谁是射手王"

七、比赛规则

（1）发令前参赛运动员按报名编号站在指定的位置上。
（2）每球只能踢一脚，多者不算。
（3）每次限时1分钟，超时则不能再踢。
（4）计算各班参赛人员进球数之和，最多者为胜。

八、活动建议

（1）比赛前需要做好充分的热身活动，注意安全，避免运动损伤。
（2）学生可以根据场地、器材、人数、个人能力情况，变换方式进行竞赛，合理调整竞赛的易难点，增加练习手段，以增强竞技性，提高学生对足球的兴趣，并掌握射门的动作要领。

第九节 "对墙踢反弹球"

一、活动目标

（1）基本掌握足球脚内侧传球、脚背正面射门的动作方法，通过"对墙踢反弹球"判断来球及调整步伐，加强对足球的控制力。

（2）发展学生的身体素质，提高上、下肢协调能力。

（3）发挥学生的主动性，体验足球运动的乐趣，培养学生对足球运动的兴趣，提高学生的自信心，鼓励其勇于克服困难，逐渐形成坚强的意志品质。

二、适用阶段

适用阶段为水平二至水平三的学生。

踢反弹球可以考验学生左右脚踢球的方法运用，进一步检验学生对踢球技术动作的掌握情况，通过比赛更好地展现学生的足球技能，发展学生对身体的控制能力，提高学生踢球的能力和踢球的准确性，因此，设置"对墙踢反弹球"比赛符合中高年级的学生技能发展水平、认知水平、动作能力特点。

三、活动人数

三年级至六年级各班，每班派出男生10名、女生10名，共20人参加该项比赛。

四、活动时间

各年级各班可以通过体育课、大课间或者趣味运动会进行比赛。

五、活动器材

足球墙1面，标志碟若干，标志服若干，足球4个。

六、比赛方法

（1）如图5-9所示，以班级为单位，每班派出10名男生、10名女生，分成两组，每组10人同时站在指定位置准备比赛。

（2）比赛开始时，学生用脚内侧或者脚背正面对墙踢球，球反弹回来后再继续踢，如果球踢出界或者失误可以捡回来继续比赛。

（3）20名学生在1分钟内踢球成功之和为该班的最后成绩，传球总数最多的班级为胜，依次进行排名。

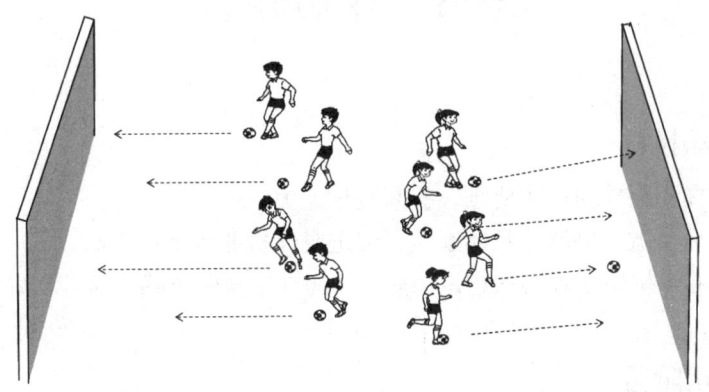

图 5-9 "对墙踢反弹球"

七、比赛规则

（1）发令前参赛运动员必须按报名编号站在指定的位置上，站在球后方准备。

（2）用脚内侧或者脚背正面踢球，踢球时球在线内则该次踢球不算入成绩。

（3）球踢到界外可以捡回去，但必须放在线外再踢。

（4）计算各班参赛人员踢球次数之和，最多者为胜。

八、活动建议

（1）比赛前需要做好充分的热身活动，注意安全，避免运动损伤。

（2）可以根据场地、器材、人数、个人能力情况，变换方式进行竞赛，适当调整竞赛的易难点，增加练习手段，以增强竞技性，提高学生对足球的兴趣。

第十节 "保龄球大战"

一、活动目标

（1）掌握脚踢球的动作要领，提高控球能力。

（2）提高灵敏、协调等身体素质，促进身体机能水平的提高。

（3）培养学生遵守规则的意识和能力，树立集体荣誉感，培养良好的体育道德。

二、适用阶段

适用阶段为水平一至水平三的学生。

"保龄球大战"是脚踢球技术动作练习的有效方法之一。通过足球"保龄球大战"比赛不仅可以提高学生的踢球能力，同时有利于提高学生的协调、灵敏等身体素质；踢球技术适用于小学阶段的任何年龄，该技术动作容易掌握，比赛要求不高，可操作性强，技术技能要求不高，各个年龄层学生都能够完成，因此"保龄球大战"比赛符合各年龄段的学生技能发展水平、认知水平、动作能力特点。

三、活动人数

一年级至六年级各班，每班派出男生10名、女生10名，共20人参加该项比赛。

四、场地器材

足球6个，足球场1个，雪糕筒20个。

五、活动时间

各年级各班可以通过体育课、大课间或者趣味运动会进行比赛。

六、比赛方法

（1）如图5-10所示，集体赛，各年级各班进行比赛，以班级为单位，分男、女生两组同时进行比赛，每班10名男生，10名女生。

（2）比赛前，将10个标志物摆放成边长50cm的正三角形，摆放在距离发球圈6m处。

（3）发令前参赛运动员按报名编号站在指定的位置上，一名队员在发球圈内，发令后用脚将球踢向正三角形放置的标志物，每击倒一个标志物得一分，每人有3次机会，每次击打后再摆放好标志物，再进行下一轮，竞赛结果以3次成功击倒标志物的总数计算成绩。

（4）计算男女生击倒标志物的总成绩并进行排名，奖励男子组前三名、女子组前三名，以及总成绩前八名的班级。

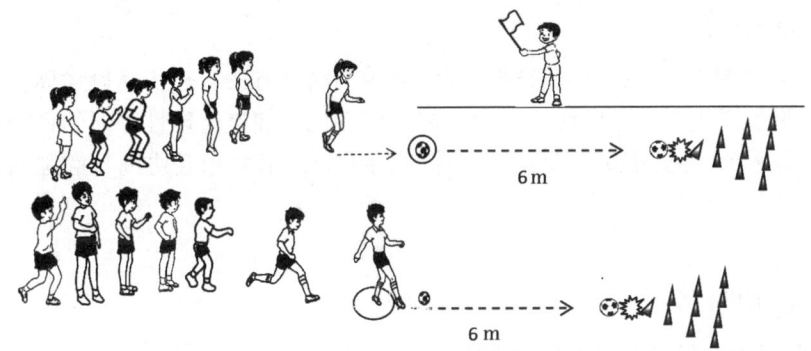

图 5-10　"保龄球大战"

七、比赛规则

（1）参赛队员必须站在发球圈内踢球，球必须摆放好后才能踢出。

（2）每班每人 3 次机会，连续完成 3 次，每次踢球只能是一脚球，不能多次踢球，球踢出后途中不得触碰到其他物体，违规者将判为无效球，不计入班级总成绩。

（3）每班在比赛时必须要安排人员轮流摆设标志物，如无人员轮流摆设标志物将扣除本班总成绩中的 5 分。

八、活动建议

（1）在比赛之前需要做好充分的热身活动，注意安全，避免受伤，比赛时遵守竞赛规则。

（2）比赛前，编排好踢球者的比赛顺序，安排捡球的队员及摆放标志物的队员，裁判员记录好每轮比赛成绩。

（3）比赛可以根据场地、器材、班级参与人数、学生个人能力等情况，变换方式进行。

第十一节 "环游中国"

一、活动目标

（1）掌握脚背外侧运球以及脚背正面运球的动作方法，初步掌握运球。

（2）发展学生上、下肢协调能力，并养成在比赛前进行球性练习的良好习惯。

（3）体验"环游中国"足球比赛带来的乐趣，培养相互协助与顽强拼搏的良好品质。

二、适用阶段

适用阶段为水平二至水平三的学生。

脚背外侧运球以及脚背正面运球等运球方法，是水平二至水平三的学生掌握相对牢固的足球基本技术，"环游中国"比赛是练习踢球技术动作的有效方法之一。这项比赛不仅对学生的运球基础有一定的要求，同时还需要学生具备较强的耐力素质。水平二和水平三的学生已经具有良好的控球能力和比赛的专注度，因此，设置"环游中国"比赛符合中高年级的学生技能发展水平、认知水平、动作能力特点。

三、活动人数

以一个班为例，48人为宜，分为4大组，每组12人，每大组再分4小组，每组3人。（如果是全校或者一个年级进行，分组安排以"班"为例）

四、活动时间

各年级各班可以通过体育课、大课间或者趣味运动会进行比赛。

五、活动器材

标志物、标志服、足球若干。

六、比赛方法

（1）如图5-11所示，区域内四角设置四个2m×2m小区域，并给4个区域编制代码为北京、上海、广州、深圳。

（2）12名学生带球按规定方向，如"逆时针"，按照教师的指令到达指定城市，在竞赛的过程中学生要注意力集中，保证方向正确。

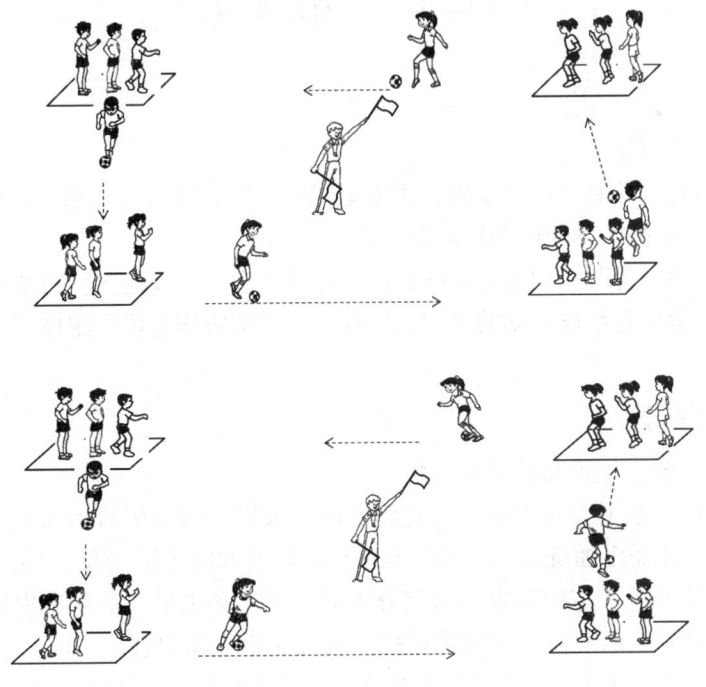

图 5-11 "环游中国"

七、比赛规则

（1）需严格按照老师的指令到达指定城市，目的地错误，扣 1 分。

（2）在比赛中，到达指定城市后要以合理的方式停球，如果球失控，须立即捡回足球从失控点继续比赛，否则视为违规，取消比赛资格。

八、活动建议

（1）比赛前需要做好充分的热身活动，注意安全，避免运动损伤。

（2）学生可以根据场地、器材、人数、个人能力情况，变换方式进行竞赛，适当调整竞赛的易难点，增加对学生的口头奖励和实物奖励等奖励制度，以增强竞技性，提高学生对足球运动的兴趣。

第十二节 "黄金矿工"

一、活动目标

（1）掌握脚背外侧运球以及脚背正面运球的动作方法，初步掌握运球动作技能合理控制好足球，提高运球速度和控球能力。

（2）提高学生速度、耐力、灵敏、协调等身体素质，促进身体机能水平的提高。

（3）增加学生对足球运动的兴趣，培养学生团结协作意识和集体主义精神。

二、适用阶段

适用阶段为水平二至水平三的学生。

运球与控球为水平二与水平三的过渡阶段，水平二的学生对运球技术掌握得比较熟练，在控球上还需多加练习；水平三为强化控球技术的关键阶段，"黄金矿工"比赛对运球和控球技术有一定的要求，这就分别对水平二和水平三的学生提供了相应的挑战，对于他们来说，已经具备了较强挑战困难、渴望成功的意识。因此，设置"黄金矿工"比赛符合中高年级的学生技能发展水平、认知水平、动作能力特点。

三、活动人数

以一个班为例，48人为宜，分为4大组，每组12人，每组设置1名小组长。

四、活动时间

各年级各班可以通过在体育课、大课间或者趣味运动会进行比赛。

五、活动器材

标志物、标志服、标志筒、足球若干。

六、比赛方法

（1）如图5-12所示，将24名学生分成两个小组，每组人数相同。

（2）将24个标志物放在两小组所在区域的中间位置。

（3）两组学生一次运球按规定路线绕过标志物到中间区域拿标志物，每次只能拿1个，统计最后哪一组拿到的标志物最多。

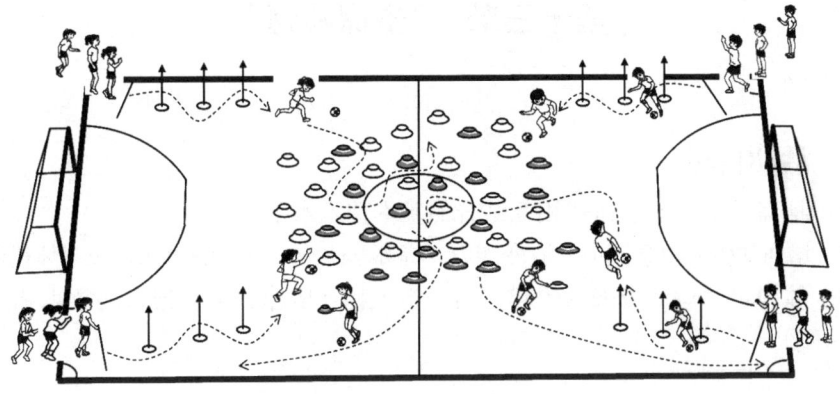

图5-12 "黄金矿工"

七、比赛规则

（1）运球时球不能碰到障碍物，碰一次，罚时5秒。

（2）在中间区域拿标志物，一次只能拿1个，多拿的队伍则惩罚该队伍最终标志物总数少2个。

（3）上一名队员运球返回放好标志物后，下一名队员才可以再出发，抢跑则罚时5秒。

八、活动建议

（1）比赛前需要做好充分的热身活动，注意安全，以免受伤。

（2）学生可以根据场地、器材、人数、个人能力情况，变换方式进行竞赛，调整竞赛的易难点，增加对学生的口头奖励和实物奖励等奖励制度，以增强竞技性，提高学生对足球的兴趣。

第十三节 "击保龄球"

一、活动目标
（1）提高学生传球与运球相互结合的基本技术水平。
（2）增强学生的观察能力、应变能力，提高学生上、下肢的协调性及身体机能水平。
（3）体验足球运动带来的乐趣，培养学生相互协作、关爱他人的意识和坚持不懈的意志品质。

二、适用阶段
适用阶段为水平二至水平三的学生。
水平三的足球项目教学内容是在水平二的基础上继续学习传接球、射门基本技能，以及采用游戏的方式进行简单的教学比赛。教学重点仍为熟悉球性和各项技术动作的综合运用，在游戏竞赛中，重点在于提高学生的实战能力。"击保龄球"比赛综合运球、传球与射门的基本技术，容易激发学生的竞赛激情与集体荣誉感，这对于培养学生勇敢、顽强的意识品质具有促进意义。它可操作性强，比赛符合水平二至水平三阶段的学生技能发展水平、认知水平、动作能力特点。

三、活动人数
以一个班为例，48人为宜，分为4大组，每组12人，每组设置1名小组长（如果是全校或者一个年级进行，分组安排以"班"为单位）。

四、活动时间
各年级各班可以通过体育课、大课间或者趣味运动会进行比赛。

五、活动器材
标志物、标志服、标志筒、足球若干。

六、比赛方法
（1）如图5-13所示，4人一组，每组分别站在本组所在区域等候比赛。
（2）学生在标志线后向标志物区域内踢球，击倒标志筒，最先把标志筒全部踢倒的小组即为获胜组。
（3）前一名学生踢完球后，第二名学生开始进行，每人一次机会。

（4）每击倒一个标志筒得一分，一轮比赛后比较每组的总得分。

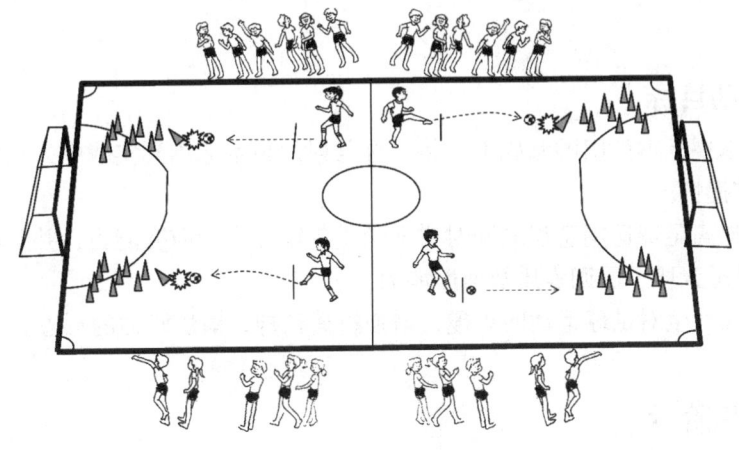

图 5-13　"击保龄球"

七、比赛规则

（1）参赛队员必须站在发球圈内踢球，球必须摆放好后才能踢出。

（2）每组每人1次机会，每次踢球只能是一脚球，不能多次踢球，违规者将判为无效球，不计入比赛总分。

（3）每组在比赛结束后必须要安排人员轮流摆设标志物，如无人员轮流摆设标志物将扣除本班总成绩中的5分。

八、活动建议

（1）在竞赛之前需要做好充分的热身活动，注意安全，避免运动损伤。

（2）学生可以根据场地、器材、人数、个人能力情况，变换方式进行竞赛，适当调整竞赛的易难点，增加对学生的口头奖励和实物奖励等奖励制度，以增强竞技性，提高学生对足球的兴趣。

第十四节 "单枪匹马"

一、活动目标

（1）在掌握运球射门的基础上，将运球与射门技术运用到实战中，在实战中检验动作技能的掌握情况。

（2）在提高足球运用意识的同时增强学生观察能力和应变能力，并且能够有效地提高个人的灵敏素质、协调素质及速度能力。

（3）提高学生对足球运动的兴趣，增强拼搏精神，锻炼坚强的意志力。

二、适用阶段

适用阶段为水平三的学生。

水平三阶段学生的感知觉能力迅速发展，注意力集中的时间变长，身体素质的各项指标均有提高，心肺功能显著发展，对抗能力显著增强，同时具备较好的实战基础与经验，即将运球与射门技术运用到实战中。"单枪匹马"比赛注重学生在实战中灵活应变，要求在单独对抗对手时拥有较好的心理素质。因此"单枪匹马"比赛符合水平三阶段的学生技能发展水平、认知水平、动作能力特点。

三、活动人数

以一个班为例，48人为宜，分为4大组，每组12人，每组设置1名小组长（如果是全校或者一个年级进行，分组安排以"班"为单位）。

四、活动时间

各年级各班可以通过体育课、大课间或者趣味运动会进行比赛。

五、活动器材

标志物、标志服、标志筒、足球、球门若干。

六、比赛方法

（1）如图5-14所示，以一个班为单位，分为6组，每组12人，6组同时开始排队比赛，相邻的两人为搭档，1人防守，1人进攻。

（2）开始后，持球队员迅速将球带向球门并与防守员1对1，在规定时间内穿越球门，未突破守门员穿越球门，视为失败。

（3）第一轮结束后，两人互换角色，持球员变守门员，守门员变持球员，继续进行比赛。

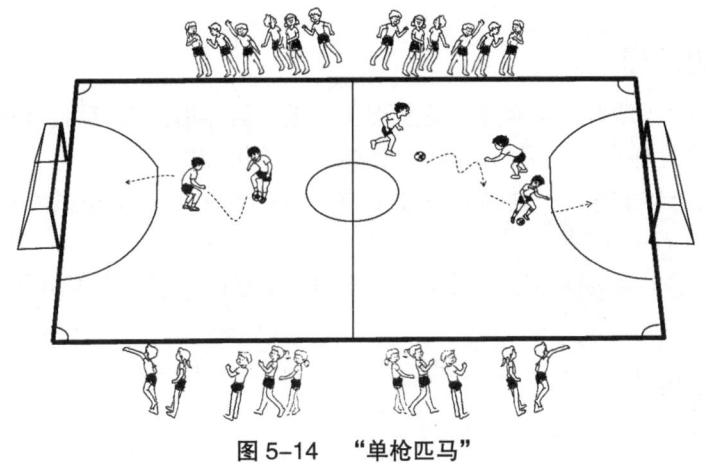

图 5-14　"单枪匹马"

七、比赛规则

（1）持球员需在规定时间内迅速将球带向球门并与防守员 1 对 1，最后穿越球门，超时则视为失败一次。

（2）穿越球门只能用脚踢球或运球，不可以用身体其他部位带球穿越，否则视违规处理扣 1 分。

（3）第二轮必须互换角色，不可以两轮使用同一角色，否则视违规处理扣 1 分。

八、活动建议

（1）在竞赛之前需要做好充分的热身活动，注意安全，避免运动损伤。

（2）学生可以根据场地、器材、人数、个人能力情况，变换方式进行竞赛，适当调整竞赛的易难点，增加对学生的口头奖励和实物奖励等奖励制度，以增强竞技性，提高学生对足球的兴趣。

第十五节 "一击即中"

一、活动目标

（1）在掌握运球射门动作方法的基础上，进行运球射门的应用，初步掌握运球与射门动作技能合理融合，以提高运球、控球以及射门能力。

（2）发展身体的速度、协调及灵敏素质，培养学生良好的观察能力、反应能力及动作模拟能力。

（3）提高学生对足球运动的兴趣，培养学生坚忍的意志和吃苦耐劳的精神品质。

二、适用阶段

适用阶段为水平二至水平三的学生。

射门是踢球技术在比赛中的运用，射门技术的好坏既与踢球技术动作掌握的程度有关，又与射门意识有关，要求学生具有射门的意识与欲望，同时拥有沉着冷静的心理素质。水平二至水平三阶段的学生对踢球射门有较强的渴望，"一击即中"比赛还需要进行运球过障碍物，而水平二、水平三的学生已具备一定的运球及射门基础，因此，设置"一击即中"比赛符合中高年级学生的技能发展水平、认知水平、动作能力特点。

三、活动人数

以一个班为例，48人为宜，分为4组，每组12人，每组设置1名小组长（如果是全校或者一个年级进行，分组安排以"班"为单位）。

四、活动时间

各年级各班可以通过体育课、大课间或者趣味运动会进行比赛。

五、活动器材

标志物、标志服、足球与球门若干。

六、比赛方法

（1）如图5-15所示，比赛开始前，每组预先安排好1名守门员在球门前进行守门。

（2）在限定的区域内进行射门比赛，3~5组可以同时开始，每组人数根据实际情况自行调整。

（3）射门按蛇形路线进行，途中绕过障碍物，到射门区域射门，射进一个球得1分，不可补射门。

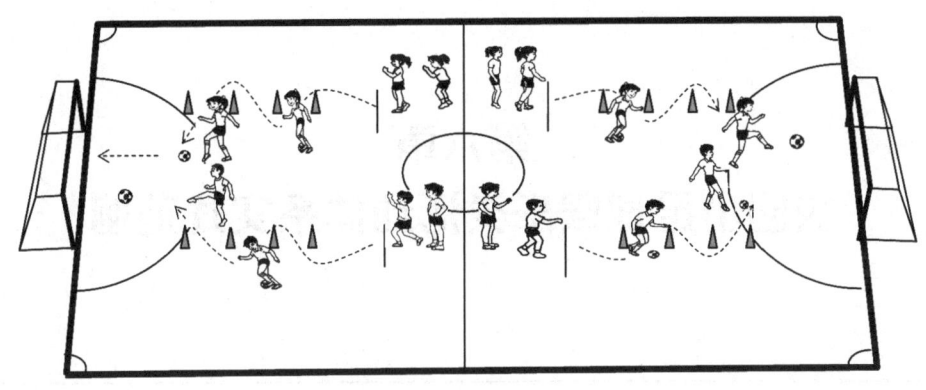

图 5-15　"一击即中"

七、比赛规则

（1）比赛过程中，必须由队员单独一人完成运球绕杆、射门、捡球等动作，绕杆时不允许碰触障碍物，否则罚加时5秒。

（2）走蛇形绕过标志杆，少一个加罚5秒。

（3）每名队员用时不能超过3分钟，若超时，则取消该轮比赛。

（4）若将球踢出或滚出指定路线，须迅速调整或捡回球，再继续进行比赛，未在指定地点完成比赛的，成绩无效。

八、活动建议

（1）在竞赛之前需要做好充分的热身活动，注意安全，避免运动损伤。

（2）学生可以根据场地、器材、人数、个人能力情况，变换方式进行竞赛，适当调整竞赛的易难点，以增强竞技性，提高学生对足球的兴趣。

第六章
校园小足球娱乐类活动体系实践范例

水平一	水平二	水平三
"做文明小公民"	"你中有我，我中有你"	"爱心传递对对碰"
"争移动的城堡"	"穿越时空"	"传送带"
"运球大作战"	突破"封锁线"	叫号接球"击人"
"速度达人"	"争夺营地"	"烫脚的山芋"
"奔跑的彩带"	"爱心传递"	"穿越封锁线"

第一节 "做文明小公民"

一、活动目标

（1）通过游戏活动，使学生脚内侧更多地触球增强球性，提高脚内侧运球能力。

（2）通过游戏活动，发展学生的身体灵敏、协调和下肢力量素质，并养成良好的活动习惯。

（3）在游戏活动中，培养学生遵守游戏规则、认真学习、团结协作的能力，使学生体验足球运动的快乐。

二、适用阶段

适用于水平一阶段的学生，本游戏是根据学生的身心特点与实际能力所设计的。此阶段的学生应采用趣味性、竞争性、集体性的游戏活动。初步发展学生的身体素质与锻炼学生的运动能力，从基础活动中提高学生的学习兴趣与积极性。

三、活动人数

以一个班为例，40~50人为宜，分为4大组，每大组分为2小组，每小组4~8人，每组设置1名指挥员。

四、场地器材

场地：足球场1个，在50 m×30 m的足球场上，用标志碟围成一个长方形。每个小组设置规定的场地，交通指挥员手持1块红灯牌和绿灯牌分别在场地里等待。

器材：足球50个、红灯牌6块、绿灯牌6块、标志碟60个、小圆圈50个。

五、活动时间

（1）体育课中的准备部分：可作为课中准备部分的热身环节，增强学生对足球的学习兴趣，提高学生脚控球的能力。

（2）大课间活动：对活动场地要求不高、规则简单、操作方便，每人一个足球，规定练习动作，随音乐的变化改变练习方式。

六、活动方法

活动方法1：把学生分成8组，每组6人，1人做"交通指挥员"，5人做"小汽车司机"，"小汽车司机"手持方向盘（小圆圈）用脚控球。教师带领"交通指挥员"和"小汽车司机"边念"红灯停,绿灯行,我们齐齐开小汽车",边做脚内侧连续运球向前进。当各组"交通指挥员"出示红灯时,"小汽车司机"迅速停车单脚踩球;当"交通指挥员"出示绿灯时,"小汽车司机"可以继续运球前进。

活动方法2:教师带领"交通指挥员"和"小汽车司机"边念"红灯停,绿灯行,我们齐齐开小汽车",边做左右脚踩球前进。当各组"交通指挥员"出示红灯时,"小汽车司机"迅速停车单脚踩球;当"交通指挥员"出示绿灯时,"小汽车司机"可以继续运球前进(如图6-1所示)。

图6-1 "做文明小公民"

游戏规则:"小汽车司机"必须遵守"交通指挥员"的指令,否则给予警告;在开车的过程中,"小汽车司机"全程必须用脚"开车",不能用身体其他部位进行"开车";"小汽车司机"必须按要求"开车",不能使用任何方法方式影响或伤害其他"小汽车司机"进行活动。

七、活动建议

(1)红灯停时,"小汽车司机"必须用脚停住球并单脚踩球,必须双手持圈。

(2)运球时,"小汽车司机"必须用脚内侧完成运球,不能使用踢球等动作运球。

(3)在前进的过程中,运球的方向可以改变。

(4)教师可以待"交通指挥员"和"小汽车司机"熟悉掌握游戏规则后,让各组自行掌握游戏的节奏。

(5)熟悉掌握游戏后,"小汽车司机"可以放下手中的小圆圈,待停球时,手臂可模仿各组各样的动作。

(6)"交通指挥员"与"小汽车司机"的角色可以轮换。

第二节 "争移动的城堡"

一、活动目标

（1）让90%的学生初步认识足球运动，并初步了解足球的性质和特点，使学生掌握脚踢球的基本动作方法。

（2）发展学生的上下肢协调性、灵敏性，提高学生的运动能力，并养成良好的运动习惯。

（3）培养学生积极参与与足球相关的游戏活动，团结协作互助的良好品质，体验足球游戏带来的乐趣。

二、适用阶段

适用于水平一阶段的学生，该活动是根据学生初步接触足球，认识足球的特性，学习踢球的基本技术与方法而设计。此阶段学生通过游戏的方式增强运动技能的学习，能提高学习兴趣和有效锻炼身体素质。

三、活动人数

以一个班为例，40~50人为宜，分为10个小组，每个小组4~6人（1个球）或7~9人（2个球），每组设置1名裁判员（如果是大课间，分组安排以"班"为单位）。

四、场地器材

场地：足球场1个。

器材：足球30~50个、小足球门8~10个、标志筒20个、小红旗8~10面、足球框10个。

五、活动时间

（1）体育课中的准备部分：可作为课中准备部分的游戏环节，增强学生对足球的学习兴趣，及团队合作能力。

（2）大课间活动：对场地要求不高、规则简单、操作方便，可将学生分组进行接力练习。

六、活动方法

活动方法1：在小足球场边线两边分别摆4~5个小足球门，相隔足球门10~15m的位置摆放 2 个标志筒作为游戏的起点。4~6 名学生手拉手围成圈使用 1 个足球，两腿自然分开，站在起点线后，教师发令后，学生用踢球的方式使足球在两腿之间滚动，学生要根据来球的轨迹及时停球，防止足球滚出圈外。每位学生必须轮流踢球，如有学生未能拦住足球溜出圈外，则该名学生退出游戏，其他学生继续用同样的方法把运球到终点。比赛进行两轮，两轮成绩相加用时最少，留下人数最多的队伍获胜。

活动方法 2：在小足球场边线两边分别摆 4~5 个小足球门，相隔足球门 10~15 m 的位置摆放 2 个标志筒作为游戏的起点。7~9 名学生手拉手围成圈使用 1~2 个足球，两腿自然分开，站在起点线后。教师发令后，学生轮流踢球，把球踢到接近足球门 2 m 线外，用脚把球踢进小足球门里，然后学生手拉手快速回到起点，在足球框里取下一个足球开始进行踢球前进。游戏时间规定为 2 分钟，比赛进行两轮，两轮比赛球数相加，哪一个小组运球的数量多，则这小组获胜（如图 6-2 所示）。

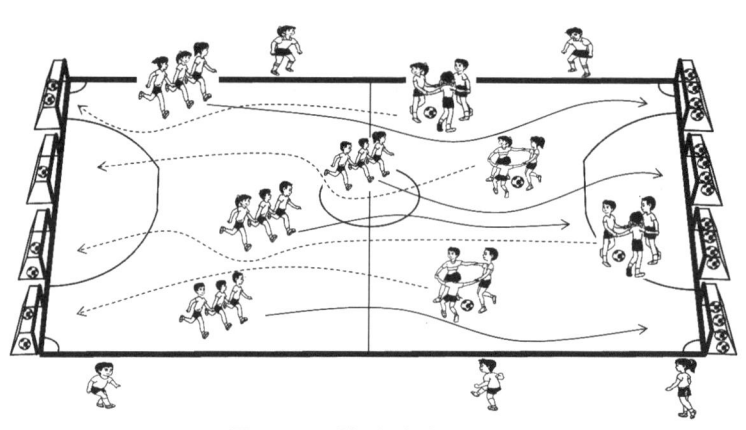

图 6-2　"争移动的城堡"

游戏规则：在移动的过程中必须手拉手；未接到球的学生要把球捡回来后才能退出游戏，否则裁判员进行警告处理；游戏过程中，双方队伍不能出现人身攻击、语言攻击等行为。在游戏过程中，如果球在某个位置出界，则全组停下，把球捡回之后在原地出发继续进行游戏。在规定的位置必须轮流踢球射门，不能超线或用手射门否则予以警告；输的队伍做俯卧撑 3~5 个。

七、活动建议

（1）可以让学生带着口令或节奏进行游戏，增强踢球效果，提高练习的兴趣。

（2）可根据学生掌握游戏难易程度增加人数。

（3）可根据学生熟悉游戏以及踢球的动作熟练度从慢慢走逐步过渡到慢慢跑。

（4）可根据学生熟悉程度，增加至 2~3 个球。

（5）在游戏中，充分发挥裁判员的能力，让学生学习听指令，守规则。

第三节 "运球大作战"

一、活动目标

（1）通过游戏使90%左右的学生了解足球运球的动作技术，巩固足球运球的技术知识，80%左右的学生掌握正确的运球动作，60%左右的学生掌握正确的技术动作以及基本的动作术语，其他学生能掌握基本的运球能力。

（2）发展学生的上、下肢协调能力，提高学生运球移动能力和连续跑动能力。

（3）通过游戏让学生合理运用所掌握的基本技术和术语，培养学生团结协作、勇于克服困难的精神，促使学生体验运动的快乐。

二、适用阶段

适用于水平一阶段的学生，本游戏是根据学生掌握的足球知识而设计的，遵从学生本阶段的生理、心理、身体的特殊性与发展规律，能有效地在此阶段刺激和发展学生的身体技能以及身体素质，从而达到本活动目的。

三、活动人数

以一个班为例，40~50人为宜，分为2个大组，每个大组里分成4小组，每小组4~6人，每大组设置1名裁判员（如果是大课间，分组安排以"班"为单位）。

四、场地器材

场地：小足球场1个。

器材：足球20个、标志筒40个、警示线1条、彩旗10面、竹竿10根。

五、活动时间

（1）体育课中的准备部分：可作为课中准备部分的游戏热身环节，增强学生对足球的学习兴趣，增强学生的运球能力。

（2）大课间活动：由于对活动场地要求不高、规则简单、操作方便，根据班级将学生分组进行活动。

六、活动方法

活动方法1：用标志筒左右摆放出2个3m×3m的大本营，2面彩旗插在大本营的门口，在2个大本营中间摆放1条警戒线并把其余的彩旗插上，将20个足球放在警戒线上，要求球之间要相隔0.4 m。将40~50名学生分成2大组，再分成4组，每组5~7人，每次比赛各大组派出1小组站在大本营内准备。教师发令后，学生从大本营内出发跑向足球处，学生到达后用脚把球控制住，然后用脚背内侧运球的方式把足球运到本组的大本营内，然后继续出发运球，每次运球只能运回1个足球，等所有的足球运完后，教师鸣哨示意结束比赛，教师或学生裁判清点球数，球数多的队伍获胜。

活动方法2：用标志筒左右摆放出2个3m×3m的大本营，2面彩旗插在大本营的门口，在2个大本营中间摆放1条警戒线并把其余的彩旗插上，将20个足球放在警戒线上，要求球之间要相隔0.4 m。全班学生同时分组，学生分别在左右边线中设定大本营，集体进行游戏。每大本营之间间隔2m，2人为1小组，每组在边线前面放置2个标志筒和1面彩旗作为大本营，距离大本营15~20m设置警戒线，警戒线上增加50个球，每组学生在大本营内准备，教师发令后，2名学生手拉手一起出发，跑到警戒线后两人进行脚内侧运球向前移动，快速地把球运回各自的大本营中，最快运回5个足球的小组获胜（如图6-3所示）。

图6-3 "运球大作战"

活动规则：教师发令后，队员可从大本营中出发，对提前出发者裁判员可给予警告；游戏过程中全程不能用手触球，对进入对方场地者裁判员可给予警告；游戏过程中每次只能运回1个球。在游戏的过程中必须照顾同伴的跑动速度与运球能力，不能根据个人情况进行暴力活动，否则予以警告；在进行脚内侧运球前进中，学生不能以大力踢球的方式进行运球，一定要在两人交换运球的情况下进行，且距离不能超过2m；本次活动必须由两人进行，不能出现不拉手或独自运球的情况，否则予以警告；在活动中必须保证队员之间的安全，不能出现语言暴力或犯规动作，否则取消活动资格。

七、活动建议

（1）教师可根据学生能力调整场地的距离。

（2）教师可在学生熟悉游戏规则后，增加球数。

（3）教师可根据学生熟悉游戏程度，将运球调整为踩球、拨球等方式进行游戏。

第四节 "速度达人"

一、活动目标

（1）通过足球游戏，使90%左右的学生了解小足球的球性，80%左右的学生能掌握学习踢球的基本技术和动作方法；60%左右的学生自主运用正确的踢球技术，其他学生能体验足球运动的方法及乐趣。

（2）通过游戏发展学生的上、下肢运动能力，提高学生的反应能力与协调能力。

（3）培养学生认真学习足球技术，互助学习、勇于克服困难的意志品质，以及体验足球游戏的乐趣。

二、适用阶段

适用于水平一阶段的学生，因该游戏符合一阶段的学生学习足球运动、了解足球的特性，能掌握基本的球性知识。此阶段的学生注意力时间短，积极性高，参与活动能力强，游戏活动能增强学生的身体素质，刺激学生的运动能力，提高学生积极参与活动的积极性。

三、活动人数

以一个班为例，40~50人为宜，集体统一进行游戏。

四、场地器材

场地：足球场1个。
器材：足球50个、标志碟50个。

五、活动时间

体育课中的准备部分：可作为课前游戏热身环节，增强学生对足球的学习兴趣，提高学生的反应能力，使学生快速进入上课的状态。

六、活动方法

活动方法1：使用半场足球场作为游戏场地，学生4列横队，前后左右间隔2m，学生站在标志碟的后方，球摆在标志碟上。教师根据情况使用"摸摸头""拍拍肩""扭扭屁股""跺跺脚""头球""脚踩球"等发令，学生跟着口令做动作，当教师下达"头球"等口令时，学生必须迅速用头部触球，并且停留2秒钟。教师检查学生是否根据口令完成动作，反应最快且正确完成动作的学生获胜，反应慢并没有做正确动作的学生惩罚蹲跳3次，游戏时间2分钟。

活动方法2：使用半场足球场作为游戏场地，学生4列横队，前后左右间隔2m，学生站在标志碟的后方，足球摆在标志碟上。前后2组学生面对面，中间摆放1个足球，学生听教师口令做动作，待教师哨声响起，最快拿到或踩住地上足球的学生获胜，反应慢的学生蹲跳3次。

活动方法3：使用半场足球场作为游戏场地，学生4列横队，前后左右间隔2m，学生站在标志碟的后方，球摆在标志碟上。前后2组学生面对面，中间摆放1个足球，教师发令后第一声哨，学生面对面逆时针跑动，教师发出第二声哨学生做后踢腿跑动，教师发出第三声哨学生快速拿球，没有拿到球的学生做俯卧撑3次，游戏时间为2分钟，进行2~3轮比赛（如图6-4所示）。

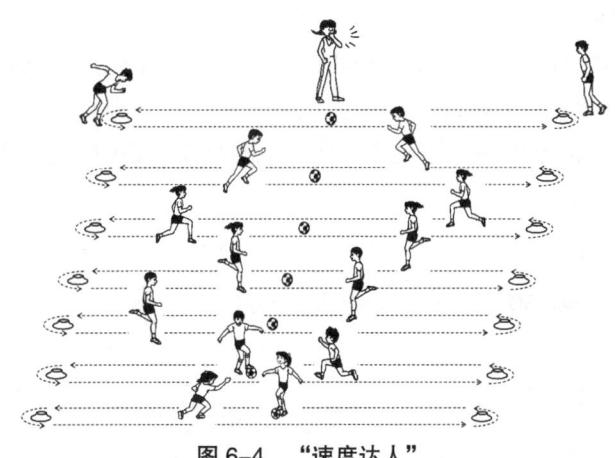

图6-4　"速度达人"

活动规则1：学生触球后必须将球放回原位；在1对1游戏时，不得做伤人的危险动作；输的学生必须按要求完成惩罚。

活动规则2：在2人抢球过程中，如其中1人已经碰到球，则算获胜；学生必须按教师口令完成动作，不可自行做其他动作；足球规定放在两人中间，没有任何指令的时候不可自行拿球。在面对面进行游戏时，不可以使用言语或动作伤害到他人。

活动规则3：在跑动过程中必须按照逆时针跑动，并按要求做相应的动作；在拿球的过程中要保证同伴的安全，不能使用暴力动作，否则给予警告。

七、活动建议

（1）教师可在学生熟悉游戏规则后增加触球的部位。

（2）教师可根据学生熟悉游戏程度，调整口令的速度。

（3）教师可根据学生的掌握程度，增加一些下肢的练习动作。

（4）教师可根据学生的掌握情况，调整场地的距离和增加动作的难度。

第五节 "奔跑的彩带"

一、活动目标

（1）通过小足球游戏，90%左右的学生巩固球性练习，80%左右的学生掌握运球和控球动作的正确方法，并通过游戏感受运球的多样性与了解运球能力的重要性。

（2）发展学生踝关节的灵活性与反应能力，以及发展学生身体的灵敏素质。

（3）培养学生遵守游戏规则、刻苦锻炼的精神品质以及团结协作、互动交流的能力，体验游戏的乐趣。

二、适用阶段

适用于水平一阶段的学生，通过游戏引导学生形成正确进行体育锻炼的意识，掌握基本的运动技能和方法，提高学生的注意力，利用游戏提高学生学习足球技术的积极性，并在游戏中刺激学生的身体机能，使学生的身体、心理、生理得到全面的发展。

三、活动人数

以一个班为例，40~50人为宜，分组进行游戏。

四、场地器材

场地：足球场1个。

器材：足球50个、标志碟50个、彩带60条。

五、活动时间

体育课中的结束部分：可作为课时结束部分游戏环节，增强学生对足球的学习兴趣，提高运球能力，以及增强学生的反应能力。

六、活动方法

准备：用标志碟围成一个30 m×20 m的场地，学生把彩带夹在裤子后面。

活动方法1：学生在场地里准备好后，教师发令，学生可以在场地内抢对方的彩带，被抢的学生一定要保护好彩带，每抢到1条彩带都要放在裤子后面夹住，比赛时间为2分钟，抢到彩带最多的学生获胜。

活动方法2：（情景导入）在设置的场地中把学生分成4个大组，每组8~10人，每组2~3人扮演"大灰狼"，5~6人扮演"小兔子"，"小兔子"的腰后面绑有3条彩带，并运球1个，当教师发一声哨时，"小兔子"出发，并在规定的场地内进行运球移动；教师发出二声哨的时候，"大灰狼"出发，开始猎捕圈内的"小兔子"；当"小兔子"遇到"大灰狼"时，可做踩球、拨球、揉球等动作；当"大灰狼"看到"小兔子"做此类动作时，停止捕猎，寻找下一个目标。在运球的过程中被"大灰狼"扯下所有彩带的"小兔子"离开游戏圈，在圈外等待，比赛时间为2~3分钟。在规定时间内，"大灰狼"把所有"小兔子"的彩带扯下则"大灰狼"获胜，如未全部扯下则"小兔子"获胜。

活动方法3：把学生分成2组，1组扮演"大灰狼"，1组扮演"小兔子"，扮演"小兔子"的1组在腰上绑彩带，脚下护球，待"大灰狼"准备好后，教师发令，"小兔子"出发，"大灰狼"在第二声哨后出发，"大灰狼"可以对运球的"小兔子"发起进攻，如"大灰狼"抢到"小兔子"的彩带，并成功拦截足球，那么"小兔子"则在场外做3次蹲跳，随后2组互换角色，2分钟时间内看谁做的蹲跳少（如图6-5所示）。

图6-5 "奔跑的彩带"

活动规则：所有学生不能超出场地跑动；学生在游戏过程中不能用手护着彩带；在抢彩带的过程中不能对对方做出危险动作；输的学生必须在场外完成惩罚后才能互换角色进行游戏；游戏过程中必须遵守规则，服从教师的判罚。

七、活动建议

（1）培养学生通过闪躲来保护彩带，不能用蛮力拼抢。

（2）根据学生熟悉游戏程度，扩大场地或增加彩带人数。

（3）"大灰狼"与"小兔子"对战时，可增加"小兔子"的人数，减少"大灰狼"的人数。

（4）游戏时间不宜过长或过短。

第六节 "你中有我，我中有你"

一、活动目标

（1）通过在场地内各种运球提高实战中带控球及集体传接球配合的能力，同时引导学生积极防守、合理抢断的意识。

（2）在提高足球技术能力的同时培养学生在实战中观察与摆脱接球、射门的能力，提高学生灵敏、协调等身体素质。

（3）通过活动有意识地培养学生团结协作、顽强拼搏、克服困难的品质，懂得合作在团队中的重要性，进一步培养集体主义精神。

二、适用阶段

适合水平二阶段的学生，更适合小学三年级或以上并具备一定足球运球能力的学生进行活动。以娱乐、对抗的方式来找到适应孩子们身体和心理特征的练习方式。活动既能提高学生的足球技能和身体素质，同时又能够促进学生在实战中的应变能力。

三、活动人数

14人或18人为宜，对场地不作限制，保证两队队员人数一致即可。

四、场地器材

场地：25 m×35 m 的长方形场地（因人数而可扩大和缩小），在中圈内中线两侧距离中线2 m 的距离，用标志杆、雪糕筒或彩旗以3 m 的距离摆设2 个球门。

器材：足球3 个，其中1 个为比赛用球，另外2 个为备用球。

五、活动时间

（1）体育课中的准备阶段：有效提高学生的带控球能力，同时让学生尽快适应实战节奏，增强团队合作意识，充分调动学生参与的积极性。

（2）课外活动：由于对场地要求不高，规则简单，操作方便，学生可根据实际情况自行布置场地并开展活动。

（3）课余训练：由于球门设置在中场，在训练队中使用此活动可提高队员训练兴趣和合作意识。

六、活动方法

将队员分成2队，每队7人或9人，其中1人为守门员，站在本方的球门内，其他8人或6人较均匀地分散在2个半场内。教师鸣哨后，首先由守门员发球给进攻方的队员，双方队员可以在2个半场内随意穿插运球或传球，通过队员之间相互配合或个人运球到对方半场内，寻找机会在中圈外射对方球门，同时也要防守对方球员在本方半场内射自己的球门。队员只能在圆圈外进行射门，如进入中圈内拿球或射门的队员，由对方在中圈外间接罚任意球，但可以通过中圈内及对方门后进行传接球，球被守门员断球后，需传给本队的队员继续比赛（如图6-6所示）。

在规定时间10~15分钟，射进球多的队伍获胜。采用五人制足球比赛规则，队员不受场地的限制，两个区域可以自由穿梭跑动。

图6-6　"你中有我，我中有你"

七、活动建议

（1）根据活动人数或学生水平，场地和圆圈及球门可以适当扩大或者缩小。

（2）根据练习目的，双方队员的人数可以适当增加或减少。

（3）为了提高传接球配合的意识和水平，可限制每个或某个队员触球次数。

（4）为了提高射门难度，可以要求射门时，所有进攻队员到对方半场内进球才有效（难度较高）。

第七节 "穿越时空"

一、活动目标

（1）通过在场地内各种运球，提高传接球和快速启动的能力。

（2）在提高足球传接球技术的同时培养实战中观察场上情况、分球、主动跑空的意识，进一步发展奔跑、灵敏、反应等足球核心素质。

（3）通过活动有意识地提高队员间相互配合的能力和团队合作意识，培养刻苦锻炼、不畏艰苦的体育精神。

二、适用阶段

适合水平二阶段的学生使用，小学三年级下学期或以上并具备一定足球停球、控球能力的学生可进行此活动。此阶段的学生应采用趣味性、竞争性、集体性的游戏活动，该活动是通过基础技术训练提高学生的学习兴趣与积极性，在发展学生的身体素质与运动能力的同时，以合作的方式培养学生的团队意识，进而为实战奠定基础。

三、活动人数

3人一组，根据活动人数进行分组。

四、场地器材

场地：画线或用标志筒、标志杆围成一个5 m×5 m的正方形场地，边长可根据实际训练需要延长和缩短。

器材：每个方形场地需1个足球。

五、活动时间

（1）体育课中的准备阶段：可作为准备活动后的热身小游戏，充分调动学生的积极性，培养反应能力和注意力，同时为实战中传球跑位奠定基础。

（2）课外活动：由于对场地要求不高，规则简单、操作方便，学生可根据实际情况自行布置场地并开展活动，也可以班级为单位进行班际比赛。

（3）课余训练：在训练队中应用时，可以在完成时间上做进一步要求，以提高队员的体能和训练难度。

六、活动方法

活动方法：将队员分成3人1组，3名队员分别站在正方形的3条边线上，其中1人持球。教师鸣哨后，持球队员将球任意传给另外两条边线上的1名队员，然后快速启动跑向接传球队员的边线处；接球队员在原边线处接球后，同样将球传给另外两条边线上的任意1名队员后，再快速启动跑向接传球队员的边线处，依次轮换进行传球跑位（如图6-7所示）。1分钟后，教师鸣哨示意停止，教师统计传接球跑位次数，并宣布成绩。

活动规则：前三名的小组积2分，传球无误、未丢球的小组积1分。然后继续进行2分钟传接球跑位，教师统计传球次数，各小组进行积分排名。根据学生的体能情况可进行3分钟、4分钟等，按次数进行排名。活动过程中，队员必须站在正方形边线上或边线外进行传接球，在边线内传接球跑位不计入分数。对传球技术动作、传接球技术动作和触球次数不作限制，成功传接球时全队队员要大声报出个数。传接球失误、丢球则不计次数，队员捡回球后继续传球，并累计次数。

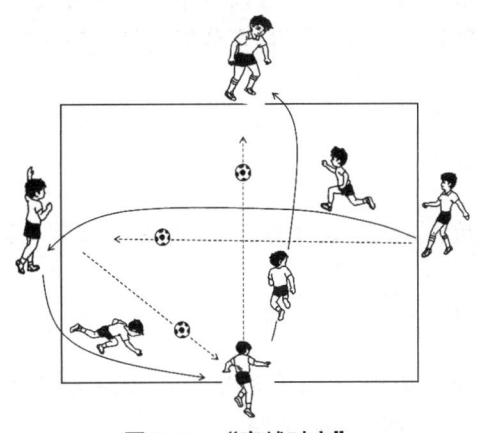

图6-7　"穿越时空"

七、活动建议

（1）根据场地情况，方形可以适当扩大或者缩小。

（2）根据队员的水平，传接球可限制1次、2次或3次触球。

（3）根据练习目的，可限制传接球的部位（如脚内侧、脚外侧、正脚背）；为了提高学生的体能还可将练习时间进行调整，但要关注场上队员的身体情况。

（4）根据训练需要，还可将技术水平相当的队员分为一组。

第八节 突破"封锁线"

一、活动目标

（1）通过在场地内的各种活动，提高学生变向、变速运球的技术能力。

（2）在提高足球传接球技术的同时，培养学生养成抬头观察场地情况的意识。使学生逐步适应实战中控球情境，提高学生带球奔跑、躲闪等核心能力。

（3）通过活动有意识地培养学生认真观察、积极思考的意识，以及勇敢顽强、不畏困难、努力拼搏的精神。

二、适用阶段

适合水平二阶段的学生，更适合具备一定足球运球能力的学生进行活动。该活动把足球的技术技能、战术意识、文化特点以娱乐活动的方式让学生进行学习练习，借此找到适应小学生的足球娱乐方式，同时充分促进学生对足球的认知和热爱，最终促进足球项目的发展。

三、活动人数

10人一组，每组进攻方8人，防守方2人，可根据实际人数进行分组。

四、场地器材

场地：选择一块30 m×20 m的长方形场地；按活动图示画好"出发线""封锁线""终点线"，并明确"安全区"和"防守区"。

器材：每组8个足球，根据实际组数准备足球。

五、活动时间

（1）体育课中的基本部分：可作为课中激发学生学习带球奔跑技术的积极性，为实战中带球过人做铺垫。

（2）课外活动：由于对场地要求不高，规则简单，操作方便，可根据学生实际情况开展活动，技术水平一般的学生可作为防守队员，采用消极防守的形式进行防守。

（3）课余训练：在训练队中应用时，可以增加难度。防守队员积极防守，或增加防守队员人数，或在规定时间或人数内完成通关等。

六、活动方法

活动方法：活动开始前，进攻方8名队员每人一球站在"出发线"处，左右间隔2 m，准备进攻。防守方2名队员站在距离"出发线"10 m的"封锁线"处做好防守准备，两人左右间隔不做要求。教师鸣哨后，进攻方选择任意运球方式运球进入"安全区"，突破"封锁线"后进入"防守区"，躲过防守方队员将球安全运过"终点线"。防守方队员待进攻方队员将球运过"封锁线"后，在"防守区"进行拦截，可根据场上情况在遵守足球规则的前提下进行拦截，组织进攻方队员将球运过"终点线"。待进攻方队员（球未被成功拦截）全部通过"终点线"后，游戏结束（如图6-8所示）。

活动规则：计算进攻方队员每人成功拦截球的个数。防守与进攻队员互换角色，重新开始游戏。游戏可重复进行多次。根据每位队员成功拦截足球个数确定最终胜利者。

图6-8 突破"封锁线"

七、活动建议

（1）防守方需在进攻队员进入"防守区"后才能进行拦截。

（2）运球出边线被认定为成功拦截。

（3）防守队员触碰到进攻队员脚下的球即为成功拦截。

（4）运球部位为脚内侧、脚外侧、正脚背。

（5）对于带球技术较强的小组可以适当增加防守方人数或减小安全区区域，扩大防守方区域，或限制突破"封锁线"的时间等。对于技术较弱的队伍，可让防守方做消极防守，或固定防守方活动区域。

第九节 "争夺营地"

一、活动目标

（1）通过在场地内的各种运球练习，提高学生传控球、快速反应的能力。

（2）在提高足球运球技术的同时，培养学生场上观察和应变能力，发展带球奔跑、变向等足球核心素质，进而提高协调、灵敏等身体素质。

（3）通过活动有意识地培养学生良好积极的心态和竞争意识，对学生进行正确的体育价值观和责任感的教育。

二、适用阶段

适合水平二阶段的学生，更适合小学三年级下学期或以上并具备一定足球运球能力的学生进行活动。本活动是根据学生掌握的足球技术而设定，根据学生本阶段的生理、心理、身体的特殊性与发展规律，能有效地在此阶段刺激和发展学生的身体技能以及身体素质，从而达到本活动的目的。

三、活动人数

10人一组，根据活动人数进行分组。

四、场地器材

场地：以8 m为半径画一个圆形场地或利用中圈，边长可根据实际训练需要延长和缩短。

器材：每组10个足球，体能圈（约容纳1个足球大小）9个。

五、活动时间

（1）体育课中的基本部分阶段：可作为技能学习后的小游戏，调动学生学习积极性的同时，作为技能学习的检验，使教师明确每个学生的学习情况。

（2）大课间活动：由于规则简单，操作方便，类似于学生已掌握的"抢凳子"游戏，故组织者可根据实际情况布置场地而开展活动。

（3）课余训练：在训练队中应用时，可以增加球的个数或减少"营地"的个数，以提高训练难度。

六、活动方法

活动方法：队员每人持1球站在圆圈内，教师根据队员人数，在圆圈周围较均匀地摆放好比队员人数少1个或几个的体能圈（作为争夺的营地）。教师鸣哨后，每名队员持球在圆圈内做带控球及假动作，带球时要在整个圈内穿插活动。带球一段时间后教师鸣哨，队员要迅速带球争夺圈外1个体能圈，将球停在体能圈中间视为成功争夺营地1次，每成功1次积2分，没有成功争夺积1分，犯规的不积分。然后全体队员带球入圈，教师在圆圈外重新均匀摆放比队员人数少2个的体能圈，教师鸣哨队员继续在圈内带球，教师鸣哨后再次去争夺圈外营地，依此类推，直至体能圈减少到圈内人数的一半为止（如图6-9所示）。

活动规则：计算每人的分数并排名。活动过程中，队员不能只在局部地区或在营地附近运球，每位队员需要在整个圆圈内穿插带控球，如出现2次此类情况视为犯规，该轮不得分，如出现3次以上者判罚暂停一轮争夺。在没鸣哨前带球出圈或提前抢占营地的队员在该轮比赛中不得分。

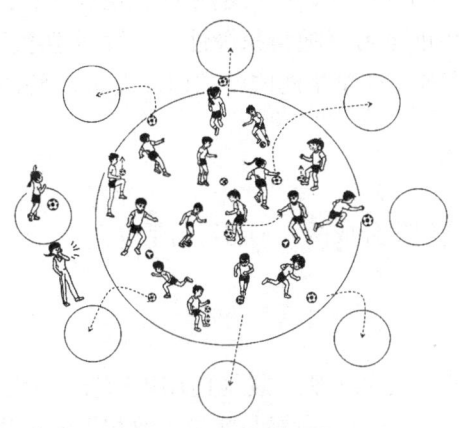

图6-9 "争夺营地"

七、活动建议

（1）根据场地情况，体能圈与大圆圈之间的距离可以适当增大或者缩小。

（2）根据队员水平，可给营地的位置编号或调整体能圈颜色，队员按照教师临时指令或变化指令进行叫号争夺营地。

（3）根据练习目的，可限制传接球的部位（如脚内侧、脚外侧、正脚背）。

（4）根据需要可调整体能圈的大小和大圈内球的个数，调整规则变化游戏。

第十节 "爱心传递"

一、活动目标

（1）通过在划定的场地内，进行各种跑动中传接球练习，使学生能够较好地判断传接球时机、位置与准确性。

（2）通过活动提高学生的传接球技术，培养在足球场上运球时传接球的判断能力，发展运球奔跑、闪躲、传球准确性等核心素质。

（3）通过活动有意识地培养学生较强的责任感和良好的团结合作精神。

二、适用阶段

适合水平二阶段的学生，更适合小学三年级下学期或四年级上学期阶段具备一定足球运球能力的学生。本活动在设计中将趣味性、竞争性、集体性融入游戏本身，从基础技术训练中提高学生的学习兴趣与积极性，在发展学生身体素质与锻炼学生运动能力的同时，以合作的方式培养学生的团队意识，进而为实战奠定基础。

三、活动人数

根据班级总人数，将学生分成两人一组进行活动。

四、场地器材

场地：25 m×35 m 小足球场 1 块，场地内用雪糕桶、标志盘或小彩旗，每两个间隔 1.5 m 且不规律地摆放成小球门，设置与队员人数相等的小球门。

器材：两人 1 个足球，雪糕桶、标志盘、小彩旗若干。

五、活动时间

（1）体育课中的基本部分：可作为基本技能学习时的游戏环节，调动学生学习积极性的同时培养数学口算能力、成就感。

（2）课余训练：在足球训练时的应用，可适当增加或减少球门个数或球门宽窄距离，以提高训练难度。

六、活动方法

活动方法：每队 14~16 人为宜，两人 1 个足球，根据实际人数分成若干组。教师鸣哨后，每组队员在场内任意位置，从球门前面或后面传地滚球过小球门，3 分钟后教师鸣哨，活动结束。场上队员停止传球，统计各组传接球过小球门的得分，然后进行下一组的传接球。依此类推，所有小组全部完成3组后统计最后得分，得分高的队伍获胜（如图6-10所示）。

活动规则：传球过小球门1次得1分，但每个小球门传球1次后，必须更换其他球门进行传接球，不得连续在1个小球门传球2次。不能与先到该球门传球的小组为争夺球门发生冲突或干扰其他小组传接球小球门，如违反一次扣1分。活动过程中，只能传地滚球和低于膝盖以下的球过小球门，带球过小球门的不得分。该游戏还可以改为小组内竞争，单位时间内计算每2个小组通过球门的个数，或统计每组通过全部小球门所用的时间等。

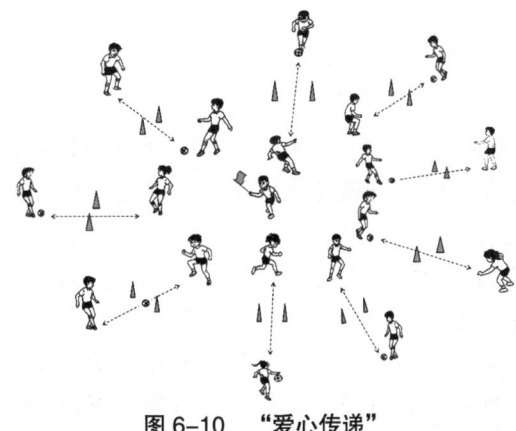

图 6-10　"爱心传递"

七、活动建议

（1）根据场地情况，小球门的距离可以适当增大或者缩小。

（2）根据练习目的，控制传接球的时间或对传接球、射门的脚的位置做具体要求。

（3）为增加活动的趣味性，可在每轮开始前秘密设定"陷阱"球门，当队员在该球门成功传球后，裁判鸣哨，该队减1分。队员根据裁判的哨声和场上情况判断"陷阱"球门的位置，避免重复通过。

第十一节 "爱心传递对对碰"

一、活动目标

（1）通过"爱心传递对对碰"活动，使学生在活动中提高脚内侧踢球技术。

（2）通过游戏活动，增强学生快速传球、传准以及对足球的控制能力，同时发展学生身体的协调性、灵敏性。

（3）提高学生对足球运动的兴趣，培养其团结协作的精神，勇于展示自我的优良品质。

二、适用阶段

（1）脚内侧传接球是足球运动中运用较多的一项踢球技术，脚内侧与球的接触面积大，易控制出球的方向，因此准确性比较强。一般用于较近距离的传球和射门，以及"二过一"的战术配合。

（2）水平三阶段的学生因为性别、年龄、足球认识、接触程度的不同，导致他们脚内侧传接球水平参差不齐，但他们的好奇心、学习能力、模仿能力都较强。足球是小学生比较喜欢的体育运动项目，经过一段时间的体育学习和锻炼，他们的技术动作可以得到规范。教师以规范的足球技术动作进行教学，正好符合这个年龄段学生的心理特点，可以快速提高学生的足球水平。

三、活动人数

依据班级人数，将学生分成男生10名、女生10名一组进行活动。

四、场地器材

场地：在天然草坪或人工草足球场，划定半径为6 m的圆形场地。

器材：依据组数，每小组两个足球。

五、活动时间

（1）体育课中的基本部分：可作为课中热身小游戏环节，激发学生参与运动的积极性，为实战提高学生传接球能力做铺垫。

（2）课外活动：由于对活动场地要求不高、规则简单、操作方便，可根据学生人数开展活动。

（3）趣味运动会：在学校趣味运动会时，统计在规定时间内成功的传球次数，由高到低进行排名。

六、活动方法

活动方法：划定半径为 6 m 的一个圆圈，2 名学生脚踩球背对站立在圆圈中间，其他学生面向圆心站在圆圈线上。教师鸣哨后，圆心处的 2 名队员沿逆时针方向，用脚内侧传球给圆圈线外对面的第一名队员，接球队员用脚内侧直接回传给圆心处的传球队员，圆心处的传球队员再传球给圆圈线外的第二名队员，第二名队员再用脚内侧直接回传给圆心处的传球队员，圆心处的传球队员再依次按顺序传球给圆圈外的每一名队员，直到圆心中的传球队员追上了另一名圆心处的传球队员后，就取得了胜利。然后再换两名队员到圆心处，背靠背继续进行传球游戏，如此反复进行，直到游戏结束（如图 6-11 所示）。

活动规则：圆心处的 2 名背靠背的传球队员，应从圆圈的平分线处开始传球，平分线两边的人数要相等，所有队员必须用脚内侧传球；要按顺序传球给每 1 名圆圈上的队员，不得漏传；当传球失误时应捡回球从失误地点接着传球，否则算失败。

图 6-11　"爱心传递对对碰"

七、活动建议

（1）根据队员的人数，圆圈的大小和圆圈线上队员之间的距离可适当加大或缩小。

（2）队员水平较高的可不限制传球技术动作。

（3）对圆圈线外传球的失误队员，可要求下蹲 3 次。

第十二节 "传送带"

一、活动目标

（1）通过游戏活动，使学生初步了解足球脚背正面运球的要点，并能合理控制好足球。

（2）通过重复的脚背接触球的游戏活动，发展身体的协调性、灵敏性，提高学生身体对足球的控制能力。

（3）提高学生对足球运动的兴趣，培养其团结协作的集体主义精神。

二、适用阶段

（1）脚背正面运球是运动员在跑动中有目的地用脚背正面连续推拨球的动作，有着速度快、路线单一的特点，主要用于直线的快速突破。通过学习脚背正面运球，不仅可以提高学生的控球能力，还可以促进学生的协调、灵敏、速度等身体素质的发展。

（2）脚背正面运球适用于水平二阶段的学生，此阶段的学生比较喜欢足球项目，但是对于足球的认识不够，以及技能基础较弱，有部分学生在练习时候对脚触球位置掌握不是很好，因此在教学中尽可能创造机会让学生多触球，熟悉球性。

三、活动人数

依据班级人数，将学生分成男生5名、女生5名一组进行活动。

四、场地器材

场地：天然草坪或人工草足球场1块。
器材：依据组数，每组标志杆5根、足球1个。

五、活动时间

（1）体育课中的结束部分：可作为课结束部分的游戏环节，增强学生对足球的学习兴趣，提高学生的腰部力量。

（2）大课间活动：由于对活动场地要求不高、规则简单、操作方便，可根据班级将学生分成男、女组进行活动。

（3）趣味运动会：在学校趣味运动会时，规定在一定距离内统计每个班级完成的时间，依据时间进行排名。

六、活动方法

活动方法：5名男生、5名女生站在起点线后，面向终点线仰卧成一路纵队，起点距离终点10m，每2m处摆放一根标志杆。教师鸣哨后，排头的第1名队员背对第2名队员用双脚夹住足球传给第2名队员，第2名队员用双脚接球后传给第3名队员，依次重复进行。最后一名学生接球后，运球至起点线运球绕杆至终点线后返回到第1名同学处（同时全队队员向后移一位），用双脚夹球向后传递，依次重复进行。直到原第1名排头队员用脚运球绕过标志杆回到本队的起点线时，先持球站在本队前的队员则获得最后的胜利，如图6-12所示。

活动规则：带球必须绕过标志杆才能返回，带球队员和球要同时回到队前，才能传球给本队排头队员，否则算犯规失败；传接球失误，须捡球回来从失误地方重新开始，否则算犯规失败。

图6-12 "传送带"

七、活动建议

（1）根据练习对象，参与游戏的人数和带球距离可适当变化。

（2）根据练习目的，也可以限制队员只能用脚背外侧带球绕过标志杆返回到本队前面。

（3）可先行进间踩球至起点处，再运球绕杆往返，以此增加活动难度。

第十三节　叫号接球"击人"

一、活动目标

（1）通过叫号接球"击人"游戏，使学生在游戏中巩固脚内侧踢球运球的动作方法。

（2）通过游戏活动，发展学生身体的协调性、灵敏性，提高身体对球的控制能力。

（3）提高学生对足球运动的兴趣，培养其团结协作精神。

二、适用阶段

（1）本活动适合水平三阶段的学生，此阶段的学生由于性别、年龄不同，对足球的认识、接触时间和运动技能都有很大差异。但经过几年的学习和锻炼，他们已经都能够规范自己的动作。足球是小学生较喜欢的体育项目，如果以规范的足球动作技能施教，既符合这个年龄段学生的心理特点，又能促进学生足球水平的提高。

（2）踢球是足球运动的主要特征，是足球运动中最重要的技术，是队员之间相互联系的重要途径，是整体技战术的体现。通过对脚内侧踢球的学习，能够发展学生的速度、力量、灵敏、柔韧和协调性等身体素质，对培养学生积极进取、机智、灵活、勇敢顽强的竞争意识和团结协作的优良品质都具有重要的价值和意义。

三、活动人数

依据班级人数，将学生分成男生10名、女生10名一组进行活动。

四、场地器材

场地：天然草坪或人工草足球场地1块。

器材：依据分组，每组1个足球。

五、活动时间

（1）体育课中的基本部分：可作为课基本部分的热身环节，充分调动学生的积极性，达到热身目的。

（2）大课间活动：由于对活动场地要求不高、规则简单、操作方便，可根据班级将学生分成男、女两组进行游戏。

六、活动方法

活动方法：每队以10名左右的队员为宜，以3 m为半径画1个圆圈并准备1个足球，队员等距离站在每个圆圈线上，并按顺序为每名队员编上号码，最后一名队员手持球站在圆心处做抛球人。教师鸣哨后，圆圈线上的队员沿逆时针方向慢跑，持球人向空中抛球的同时任意叫一个号，没被叫到号的队员和抛球人立即向圈外散开。被叫到号的队员立即跑到圈内接球，在接住球的同时高喊"停"。散开的队员立即原地站住，身体不能再移动，否则为犯规。接球队员在圆圈内的任何地点，用脚内侧踢球击打其任何一名队员臀部以下的位置，被击中的队员蹲跳1次后，并代替抛球人重新进行抛球游戏，如果接球队员没击中其他队员，则需自行蹲跳1次后再抛球叫号，游戏重新开始，依此反复进行（如图6-13所示）。

活动规则：抛球要高于头部并落在圈内，否则原地做10个蹲跳后重新抛球。接球队员可在空中或落地后再接住球，必须在圆圈内用脚内侧踢球击打其他队员。当接球队员接球喊停后，没停住步的球员要回到原处，凡违规者则蹲跳10次。踢击队员臀部以上位置无效，踢球人则需下蹲1次。

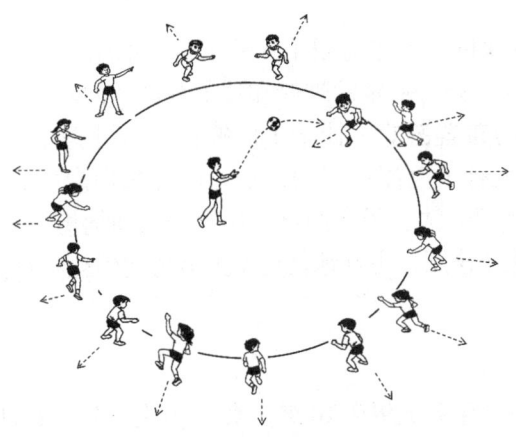

图6-13 叫号接球"击人"

七、活动建议

（1）根据游戏对象和人数，圆圈可适当增大或缩小。

（2）根据练习目的和队员水平，接球队员也可以变换一种踢球技术，或不限制踢球技术动作。

第十四节 "烫脚的山芋"

一、活动目标
（1）通过反复的脚内侧拨球练习，使学生进一步掌握脚内侧拨控球技术。
（2）通过练习，发展学生身体的协调性、灵敏性，提高身体的控制能力。
（3）通过游戏比赛，提高学生对足球运动的兴趣，培养团结协作精神。

二、适用阶段
（1）足球是学生比较喜欢的体育项目之一，也是小学体育教材的重要组成部分，能发展学生的柔韧、协调、力量等身体素质。脚内侧拨控球技术动作是足球技术的重要内容之一，通过学习内侧拨控球技术可以提高学生控制球、运球过人的奔跑能力，并且可以提高学生参与足球运动的兴趣，对培养学生终身体育的意识有积极的影响。

（2）脚内侧拨控球技术动作适用于水平三阶段的学生，该阶段的学生对足球认识、接触时间和运动技能都有一定的理解和技术基础，同时具有较强的创造能力和自学能力。通过针对性的布置游戏，让学生能够在"玩中学、学中玩"，学生自由玩耍、教师示范，让学生有了更深一层的认识，同时采用启发、模仿、创新等教学方法，以及各种新颖的练习方法，循序渐进、层层深入和剖析，充分挖掘每个学生的潜在能力，发挥学生的主体作用，更好地促进学生努力达到教学目标。

三、活动人数
依据班级人数，将学生分成男生10名、女生10名一组进行活动。

四、场地器材
场地：天然草或人工草足球场地1块。
器材：依据组数，每2人1个足球。

五、活动时间
（1）体育课中的准备部分：可作为课中准备部分热身环节，增强学生对足球的学习兴趣，提高学生的控球能力。
（2）大课间活动：由于对场地要求不高，规则简单，操作方便，每人1个足球进行练习。

（3）趣味运动会：在学校趣味运动会时，规定在一定距离内完成行进间脚拨球接力，依据完成时间进行排名。

六、活动方法

活动方法：在平坦的场地内，为每两名队员准备一个足球，画线或用标志筒摆放一个边线长2m的正方形，将队员分成两人一组，每组一个人持球。站在边长2m的正方形内，另一人站在正方形外准备计数。教师鸣哨后，每组持球队员在正方形内，用脚内侧或脚内侧连续拨球30秒钟，另一名队员计数，30秒钟时教师鸣哨，然后两人互换位置和任务，在全体队员做完一次拨控球后，教师根据统计数字宣布，拨控球次数最多的队员获胜一次，然后全体队员再依次轮换，每人做完一次30秒钟的双脚拨控球后，教师统计再宣布拨控球次数最多的一名队员获胜一次，依此反复进行，直到游戏结束，最后按获胜次数的多少排出名次（如图6-14所示）。

图6-14 "烫脚的山芋"

活动规则：脚内侧拨控球都可以。拨控球时，球失控跑到边线外，应尽快捡回到正方形内继续接着拨控球计数，在正方形外拨控球不计次数。

七、活动建议

（1）根据拨控球的对象，每次拨控球的时间可适当增加或减少，正方形可适当增大或缩小。

（2）根据学生技术水平，也可以在一定的时间和范围内，向前或向后移动拨控球。

（3）依据学生技术水平，可分组进行脚内侧拨球接力比赛。

第十五节 "穿越封锁线"

一、活动目标

（1）通过"穿越封锁线"的游戏，使学生在游戏中掌握掷界外球的动作技术。

（2）通过游戏活动，发展学生身体的协调性、灵敏性，提高学生掷界外球的准确性。

（3）让学生体验足球带来的乐趣，提高学生对足球运动的兴趣，培养其团结协作的精神。

二、适用阶段

（1）掷界外球是在足球比赛中球出边线后使比赛继续进行下去的一种方式，也是开始继续比赛最频繁、最多的方式。抛界外球可发展学生全身协调用力投掷的能力，同时提高学生对物体运动轨迹的预判能力，并且对培养学生终身体育的意识有积极的影响。

（2）掷界外球适用于水平二至水平三阶段的学生，此阶段的学生处于发展协调性、灵敏性、柔韧性等身体素质的最佳时期，此项动作技能的发展符合该水平阶段学生的认知、动作能力特点。

三、活动人数

依据班级人数，将学生分成男生5名、女生5名一组进行活动。

四、场地器材

场地：天然草或人工草足球场1块，划定长10m×5m的场地。

器材：足球10个，体操垫10个。

五、活动时间

（1）体育课中的结束部分：可作为课结束部分环节，增强学生对足球的学习兴趣，提高学生掷界外球的能力。

（2）趣味运动会：在学校趣味运动会时，适当增加场地大小，攻方学生站在划定的场地内，躲避防守方学生的进攻。在一定时间内比较完成击中目标的个数，由高到低进行排名。

六、活动方法

活动方法：划定一个 10 m × 1 m 的平整场地作为攻方学生的封锁线，攻队 5 名男生、5 名女生从封锁线内穿过，并且攻方学生用体操垫保护头和上半身半蹲。防守队 5 名男生、5 名女生站在距离封锁线 5 m 的位置，每人双手持一个足球。教师发令开始后，攻防学生按顺序依次穿过封锁线，且每次只能通过 1 人。防守方每次按顺序掷球，且每次只能一人掷球，并且规定用双手持球（按照掷界外球的方式）掷向穿越封锁线的学生，命中者得 1 分。攻方全部穿越封锁线后，攻防角色互换（如图 6-15 所示）。

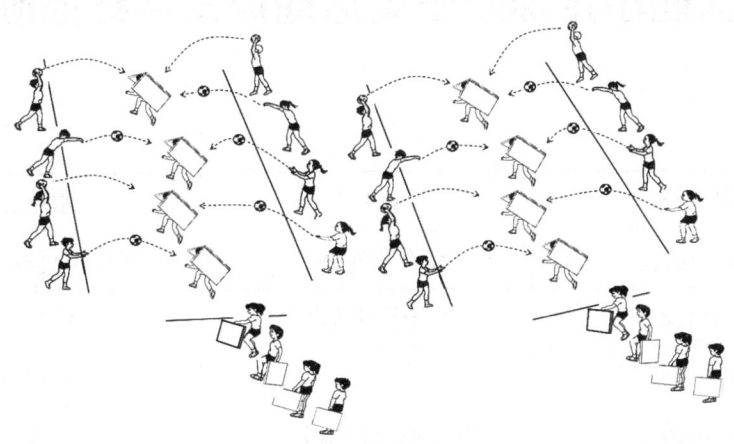

图 6-15 "穿越封锁线"

活动规则：防守方不得越线掷球和不能用脚踢球，命中 1 个得 1 分。提醒防守学生掷球时的力度。

七、活动建议

（1）进攻方学生要降低重心，用体操垫保护好全身，穿越中不得探头观望，以防被足球砸伤。

（2）进攻方的学生可以"蛇形跑"的方式来躲闪球，这样既增加了游戏的趣味性，又提高了对方队员射中的难度。

（3）可以通过延长或缩短平行线间的距离，调整游戏难度。

（4）练习时可以与裁判实习判罚掷界外球违例相结合。这样有助于提高学生的裁判能力，使学生更快地形成正确的技术动作。

（5）注意游戏规则，时刻提醒防守学生懂得保护自己，进攻队员注意掷球力度不要过大，以免伤及他人。

第七章
校园小足球亲子类活动体系实践范例

水平一	水平二	水平三
"亲子运球"	"百步穿杨"	"亲子足球联赛"
"熊出没"	"亲子对抗赛"	"百发百中"
"猛龙过江"	"头头是道"	"传接球"
"足式保龄球"	"我的足球我做主"	"夹球者疯狂"
"足球嘉年华"	"无球胜有球"	"运球最有味"

第一节 "亲子运球"

一、活动目标

亲子足球主题活动，可以让家长和孩子牵手投身于运动，相伴走进社会，开阔孩子视野，密切亲子感情，加深家庭和学校之间的交流和合作。通过亲子群体间的交流活动，增强亲子间的信任度和默契，更好地发展学生的社会交往及适应能力。培养低年级段学生的团队合作意识、公平竞争意识、规则意识，提高学生的活动能力及自我约束能力，正确对待比赛结果。

二、适用阶段

适合水平一（一、二年级）阶段的学生。

三、适用情境

家长开放日、年级亲子活动。

四、活动人数

一年级至二年级各班，每班5个家庭参加，每个家庭2人以上，10个家庭为一组，每位参赛者按照"家长+孩子"的顺序站立。

五、活动时间

周末早上或下午，具体活动时间需2个小时。

六、场地器材

场区：30m×20m的运动区域。
器材：足球20个、标志盘16个、标志筒16个、分队背心12件、绳梯4个。

七、活动内容

1. 活动1

（1）活动名称："小仓鼠运大米"。
（2）活动组织：30个家庭分成6组，每组5个家庭同时进行接力比赛。听指令后每组第一名"小仓鼠"越过障碍物后用脚运一个"大米"回到大本营。规定的时间内,哪组运回的"大米"最多获胜。

(3)活动规则:若碰倒障碍物需返回起点重新开始。

(4)活动如图7-1所示。

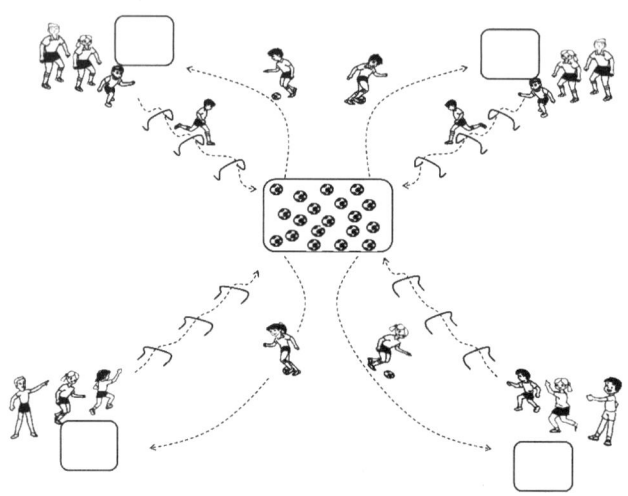

图7-1 "小仓鼠运大米"

2. 活动2

(1)活动名称:"蚂蚁搬家"。

(2)活动组织:30个家庭分成6组,每组5个家庭同时进行接力比赛,一个家庭运球绕过障碍物交给对方,接力绕过障碍物再把球交给下一个家庭,以此往返,活动时间为10~15分钟。

(3)活动规则:若中途球掉了,须捡回来在起点位置重新开始。

(4)活动如图7-2所示。

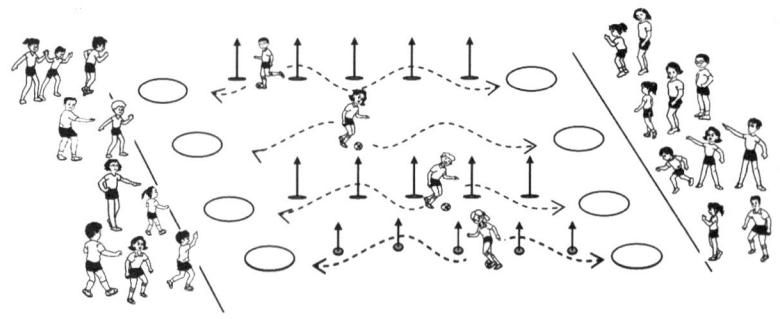

图7-2 "蚂蚁搬家"

3. 活动3

（1）活动名称："蜈蚣接力"。

（2）活动组织：30个家庭分成6组，每组5个家庭同时进行接力比赛，一个家庭运球穿越于人群，亲子之间需两人手牵手运球过障碍物，绕过所有人后，再把球从所有人胯下踢过去，然后变成人墙障碍物。队尾接到球的家庭，再牵手运球，以此往复，时间为10~15分钟。

（3）活动规则：若中途球掉了，须捡回来在起点位置重新开始，最先到达终点线的小组为胜。

（4）活动如图7-3所示：

图7-3　"蜈蚣接力"

4. 活动4

（1）活动名称："僵尸来袭"。

（2）活动组织：场地为40 m×30 m，边缘设置宽5 m的长条区将队员分成两组，一组从中间开始，另一组从区域的一头开始。

（3）活动规则：从中间开始的那组为"僵尸"，他们必须持球且保持对球的控制，当人类进入自己可触碰的范围时用手抓逃跑的人类，无球逃跑的人必须躲过"僵尸"的抓捕，从区域的一头跑到另一头。人类被抓住后"变异"为"僵尸"，从场边拿球开始抓人。看看谁是生存能力最强的逃亡者。

进阶版："僵尸"的人数比逃亡者少，使游戏在开始时难度增大。使用小球有利于提高控球的技术水平，增设逃亡时必须穿过的门。

（4）活动如图7-4所示。

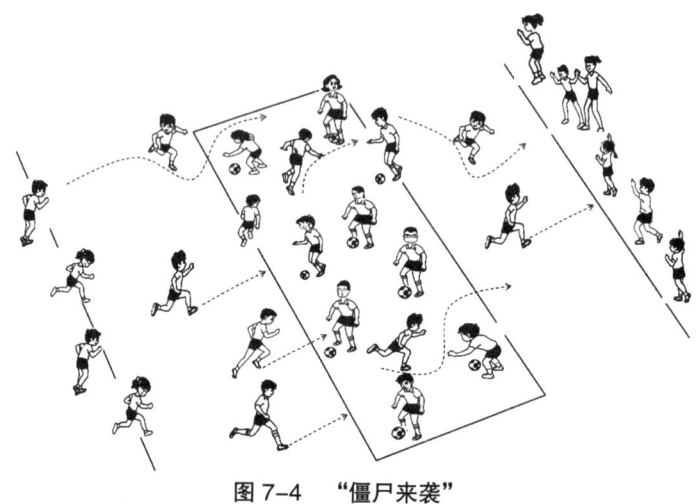

图 7-4 "僵尸来袭"

八、活动建议

（1）该游戏必须在平坦的草地进行，学生需穿足球鞋或运动鞋。

（2）教师应注重激发学生的学习兴趣，使游戏难度循序渐进，如运球的速度。

（3）提前让学生明确脚的各个部位，可以采用图示进行讲解。

第二节 "熊出没"

一、活动目标

为推动足球运动健康快速发展，丰富学生足球文化生活，点燃学生对足球的热情，使学生享受足球带来的快乐，借引六一儿童节之际，举行各种丰富多彩的亲子足球活动。通过亲子群体间的交流活动，增强亲子间的信任度和默契，开阔学生视野，增进亲子感情，更好地发展学生的社会交往及适应能力。通过足球活动锻炼身体，培养团队意识和拼搏意识，提高竞争意识和公平意识，为学生提供展示才能的舞台，形成以足球为中心的校园文化。

二、适用阶段

适合水平一（一、二年级）阶段的学生。

三、适用情境

六一儿童节、家长开放日、年级亲子活动。

四、活动人数

一年级至二年级各班，每班5个家庭参加，每个家庭2人以上，10个家庭为一组，每位参赛者按照"家长+孩子"的顺序站立。

五、活动时间

周末早上或下午，具体活动时间为2个小时。

六、场地器材

场区：30m×20m的运动区域。
器材：足球20个、标志盘16个、标志筒16个、分队背心12件、绳梯4个。

七、活动内容

1. 活动1

（1）活动名称：运球接力亲子活动。

（2）活动组织：各队分别站在场地的两条边线上，听到开始的口令后，各队每边各出一人跑到场地中间，用脚将一个球运到本方所在边线上，同伴再将球运回原处将球放好，然后，跑回本方与下一位队员交接，依次进行。每完成一次交接得1分，在规定时间内得分最多的小组获胜。

（3）活动规则：可用脚任何一个部位进行运球，而且运球次数不能少于10次。

（4）活动如图7-5所示。

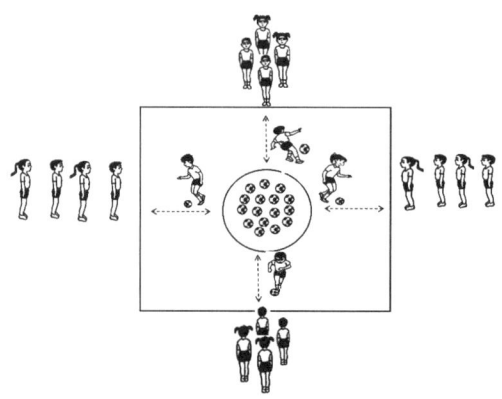

图7-5 运球接力亲子活动

2. 活动2

（1）活动名称："勇闯鳄鱼池"。

（2）活动组织：亲子面对面站立，间隔10 m距离，由一方运球到对面进行交接，中间的人当"鳄鱼"去拦截来球，如果被中间的防守人员拦截成功，本轮不得分，如来回交接勇闯成功一次得1分。10分钟内哪个小组得分最多为胜。

（3）活动规则：可用脚任何一个部位进行运球，而且运球次数不能少于10次后再交接。

（4）活动如图7-6所示。

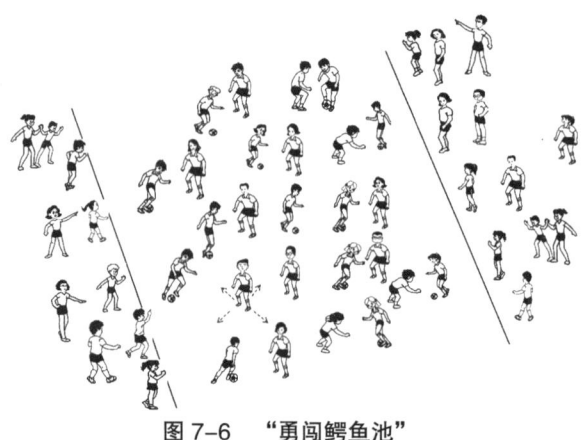

图7-6 "勇闯鳄鱼池"

3. 活动3

(1) 活动名称:"亲密无间"。

(2) 活动组织:组织好小分队站好,亲子2人面对面合作用胸部夹球,听指令后出发,向小球网里面运球。相同时间内看哪组运球最多。

(3) 活动规则:途中球从哪里掉下来,就从哪里捡起来再出发,不能用手扶球。

(4) 活动如图7-7所示。

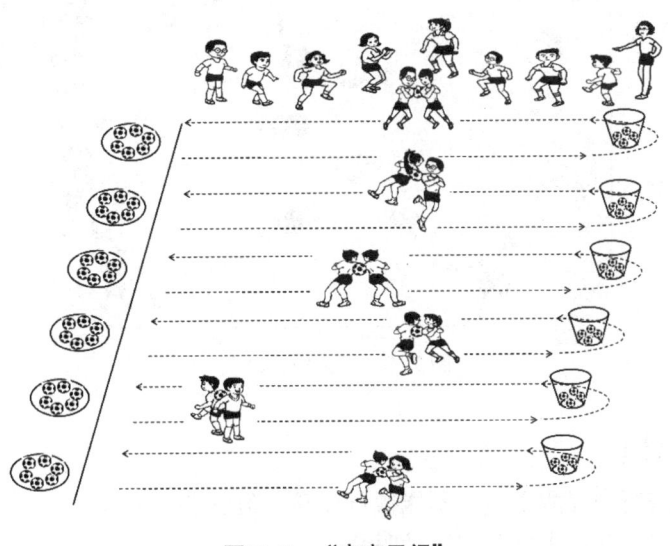

图7-7 "亲密无间"

4. 活动4

(1) 活动名称:"太空大战"。

(2) 活动组织:30 m×30 m方形区,16人每组8人组织好小分队站好。

(3) 活动规则:两列由"星空战机"组成的"舰队"从两边各自的发射台整装待发,教练发令开始。所有"星空战机"起飞,开始与敌方"星空战机"搏斗。想要得分必须使用自己的球将敌方"战机"的球击出方格,同时确保自己的球还在方格里。如果自己的球滚出了方格,则"战机"被击落了,坠毁在方格外。规定时间存活"战机"最多的队伍获胜。

(4) 活动建议:如果有队员开始射击,球就会跑到场外,因此在场边四周都应放置足够的备用球,被击落的队员就可以充当弹药供应队把球捡回来。

(5) 活动如图7-8所示。

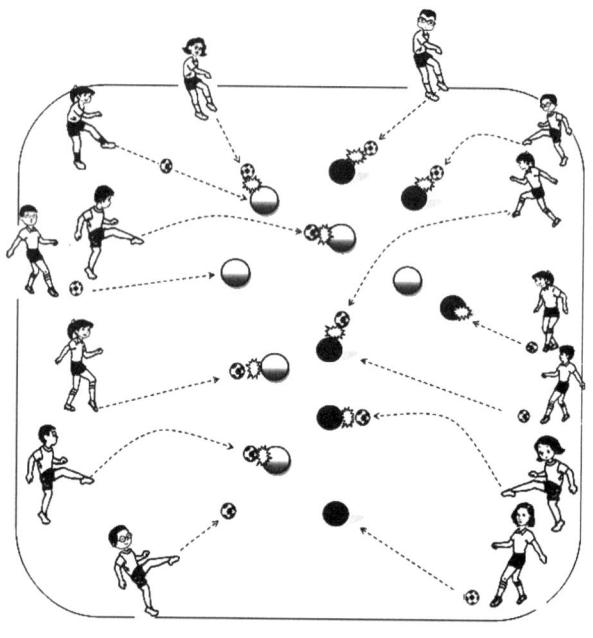

图 7-8 "太空大战"

八、活动建议

（1）活动进行中提醒学生，不能擅自离开，预防错过比赛。
（2）提醒家长和学生准备好运动服装。
（3）活动前对老师、家长和学生进行安全教育。
（4）提前布置场地和器材。
（5）注重社会适应和社会交往能力的引导。

第三节 "猛龙过江"

一、活动目标

亲子足球主题活动，可以让家长和孩子牵手投身于运动，相伴走进社会，开阔孩子视野，增进亲子感情，加深家校间的交流与和合作。为小学低年级段学生创设合适的环境、空间、时间和活动内容，让孩子、家长、教师在活动中互动起来，增进情感、加强沟通交流，统一教育理念。通过亲子群体间的交流活动，增强亲子间的信任和默契，更好地发展学生的社会交往及适应能力。培养低年级段学生的团队合作意识、公平竞争意识和规则意识，提高学生的活动能力及自我约束能力，正确对待比赛结果。

二、适用阶段

适合水平一（一、二年级）阶段的学生。

三、适用情境

家长开放日、年级亲子活动。

四、活动人数

一年级至二年级各班，每班5个家庭参加，每个家庭2人以上，10个家庭为一组，每位参赛者按照"家长＋孩子"的顺序站立。

五、活动时间

周末早上或下午，具体活动时间为2个小时。

六、场地器材

场区：30 m×20 m 的运动区域。
器材：足球20个、标志盘16个、标志筒16个、分队背心12件、绳梯4个。

七、活动内容

1. 活动1

（1）活动名称："同舟共济"。

（2）活动组织：亲子2人一组手挽手进行比赛，设置一组为中间人，仅参与进攻，规定时间内得分多者为胜。

（3）活动规则：跑位时注意2人的配合，通过传球寻找得分机会，双手离开，得分无效。

（4）活动如图7-9所示。

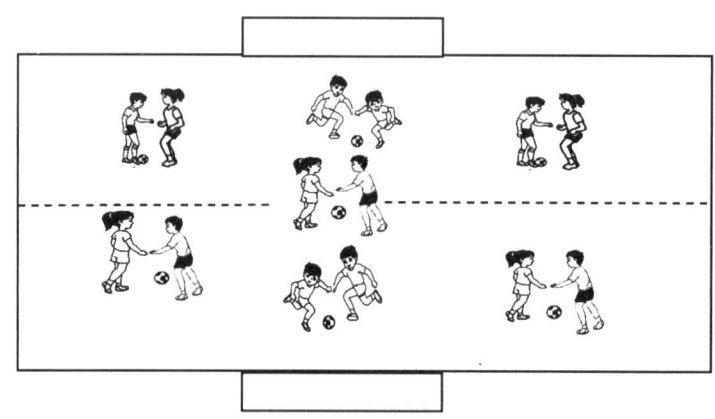

图7-9 "同舟共济"

2. 活动2

（1）活动名称："声东击西"。

（2）活动组织：亲子在规定的区域内用脚踢球，以进攻对方场地的两个球门为目标，每进一球得1分，规定时间内得分多者为胜。

（3）活动规则：不能用手抱球，必须经过传运球去进攻对方球门。

（4）活动建议：注意跑位、转移、多接应；注意观察守方的站位，选择进攻方向。

（5）活动如图7-10所示。

图7-10 "声东击西"

3. 活动3

（1）活动名称："攻城拔寨"。

（2）活动组织：亲子在规定的区域内用手传球，以砸中对方半场设置在标志盘上的足球为目标。每砸中一个得1分，规定时间内得分多者为胜。

（3）活动规则：有球队员可以选择传球，可以跑动进攻，无球防守队员只要碰到有球队员，有球队员必须把球传出去。

（4）活动建议：注意跑位、转移、多接应；注意观察守方的站位，选择进攻方向。

（5）活动如图7-11所示。

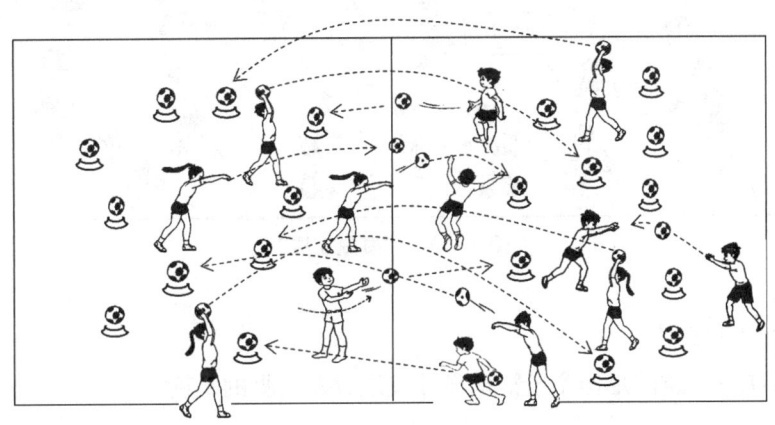

图7-11 "攻城拔寨"

4. 活动4

（1）活动名称："魔鬼克星"。

（2）活动组织：30 m×30 m区域内10名带球队员是人类，2名无球队员则是"魔鬼"，人类必须在区域内无规则运球，并且远离"魔鬼"追赶，"魔鬼"通过轻拍打带球队员将其"冰住"，"结冰"的带球队员必须双腿分开、将球举在头上站立原地。

（3）活动规则：注意抬起头观察，加速，被抓住的站在原地，计时1分钟（或者限定其他时长），剩下的没被抓到的人最多的一组获胜。或者在最短时间内"冰住"所有人的一组获胜。每轮结束后需要任命新的角色，重新开始游戏。

（4）活动进阶版：允许3名队员通过带球穿过"冰冻人"两腿之间为其"解冻"，如此一来"魔鬼"必须更加努力地去抓人，而为了"解冻""冰冻人"必须高声呼喊："魔鬼克星"快来救我！

加大难度版："魔鬼克星"必须在球穿过裆后，爬行穿过"冰冻人"的两脚之间来"解冻"他。

（5）活动建议：注意跑位、转移、多接应；注意观察守方的站位，选择进攻方向。要告诉队员还有多少时间、比分是多少，去激励队员将速度提起来。

（6）活动如图7-12所示。

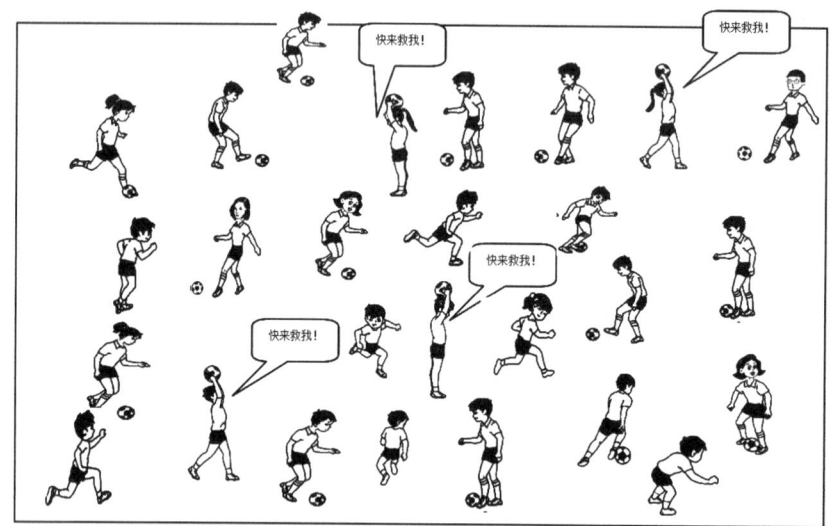

图7-12　"魔鬼克星"

八、活动建议

针对6~7岁儿童的足球亲子活动设计应注意左右脚的平衡。

第四节 "足式保龄球"

一、活动目标

亲子活动是家校联合教育教学活动中的一部分，和谐、温馨的氛围是孩子健康活泼成长的必要条件。为小学低年级段学生创设合适的环境、空间、时间和活动内容，让孩子、家长、教师在活动中互动起来，增进情感，加强沟通、交流，统一教育理念。足式保龄球具有娱乐性、趣味性、抗争性和技巧性，沉稳、节制、精准、控制。当击倒的球瓶落地时，那种喜悦使人精神焕发，不仅体现在它的健身作用，还可以缓解现代人日益紧张的生活压力，让孩子得到身体和意志的锻炼，是一项非常适合全家进行的亲子运动项目。

二、适用阶段

适合水平一（一、二年级）阶段的学生。

三、适用情境

家长开放日、年级亲子活动。

四、活动人数

一年级至二年级各班，每班5个家庭参加，每个家庭2人以上，10个家庭为一组，每位参赛者按照"家人+孩子"的顺序站立。

五、活动时间

周末早上或下午，具体活动时间为2个小时。

六、场地器材

场区：30m×20m 的运动区域。
器材：标志碟20个、移动旗杆10根、标志瓶20个、足球10个、分队背心20件。

七、活动内容

1. 活动1

（1）活动名称：足式亲子"保龄球"。

（2）活动组织：每位家长携带自己的小孩与其他家庭一起进行比赛，组队形式，一个家庭组队必须在2人以上。

（3）活动规则：①将10个标志瓶摆放成正三角形，每名队员站在6m处。每人一球，听到发令后队员用脚踢地滚球击打标志筒。接着家长快速捡回自己孩子踢出的足球进行绕杆，将球带回到起点，孩子进行二次踢球。②标志瓶倒一个得1分，最先将所有标志瓶击倒的队伍获胜。

（4）活动如图7-13所示。

图7-13 足式亲子"保龄球"

2. 活动2

（1）活动名称：两人三足亲子"保龄球"。

（2）活动组织：每位家长携带自己的小孩与其他家庭一起进行足式保龄球比赛，组队形式，一个家庭组队必须在2人以上。视人数情况分组同时比赛。

（3）活动方法：亲子两人三足，将一脚固定。将10个标志瓶摆放成正三角形，游戏开始后队员持球站在划定的警戒线外，当哨声响起后亲子两人采用固定脚，一起踢地滚球的方式，每组家庭击打5球，每次击打后重新摆放标志物，以5次击倒标志瓶的总数来计分。参赛人员在距三角形尖端6m处。

（4）游戏规则：每组人均有5次机会，成绩总和多者胜出，如果成绩相同，则进行附加赛。保龄球必须接触地面击球瓶，砸向球瓶即为犯规。

（5）活动如图7-14所示。

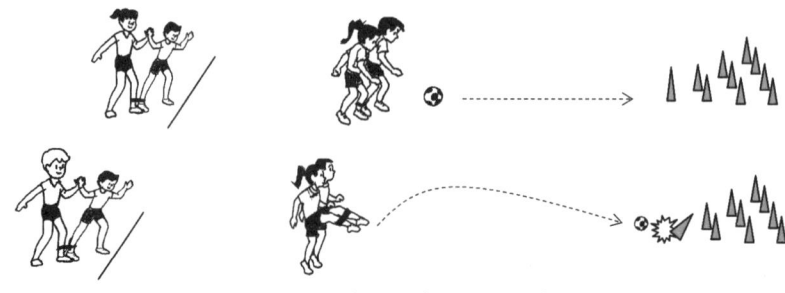

图7-14 两人三足亲子"保龄球"

3. 活动3

（1）活动名称：混合亲子赛。

（2）活动组织：所有家庭混在一起进行分组，视人数情况分组开展活动。

（3）活动规则：每组可2~10人一起玩，轮流担任摆球、接球、滚球等工作。每局摆放10个瓶子，每人有2次机会，每局最多击倒10个球。③每个回合比赛3~5局，可以由参赛者协议决定，以击倒瓶数累积最多者为胜。

4. 活动4

（1）活动名称：创意亲子"保龄球"。

（2）活动组织：每个家庭进行角色分工：摆桶手、击球手。在击球点6 m的场地上摆放10个标志物，连续击球，击倒一个得1分，3分钟之内得分最多的家庭获胜（如图7-15所示）。

（3）活动规则：球必须以滚动的方式进入摆球区。每局以同一个球为原则。每个瓶子不可以紧连一起，也不可以推叠在一起。

图7-15 创意亲子"保龄球"

八、活动建议

（1）活动进行中提醒学生，不能擅自离开，以免错过比赛。

（2）提醒家长和学生准备好运动服装。

（3）活动前对家长和学生进行安全教育。

（4）提前布置场地和器材。

（5）注重对社会适应和社会交往能力的引导。

第五节 "足球嘉年华"

一、活动目标

通过开展生动有趣、形式多样的足球游戏亲子活动,让学生在活动中充分体验和感受足球运动的快乐,增强亲子情感关系。提高学生对足球的控制能力、理解能力和对球性的熟悉程度,有利于激发学生积极参与体育活动,促进身体素质协调发展,增强集体观念、互相合作观念。培养学生克服困难、团队合作、积极思维、大胆勇敢等良好品质。

二、适用阶段

适合水平二、三(三年级至六年级)阶段的学生。

三、适用情境

家长开放日、年级亲子活动。

四、活动人数

三年级至六年级各班,每班5个家庭参加,每个家庭3人共15人参加该项比赛。10个家庭为一组,每位参赛者按照"家人+小孩"的顺序站立。

五、活动时间

周末早上或下午,具体活动时间为2个小时。

六、场地器材

分队背心20件、标志碟20个、移动旗杆10根、标志筒20个、足球10个。每个场区:30m×20m。

七、活动内容

1. 活动1

(1)活动名称:"一球成名"。
(2)需要器材:足球6个,球门1个。

（3）活动玩法：如图7-16所示，在场地摆放3种不同大小的球门，学生射门距离为6~8m，成人适当增加长度。每个家庭组成一队，每个人射门一次，进入不同难度球门得分不同，难度由大到小得分分别为：3分、2分、1分，根据总分决出前三名。

（4）活动规则：只能一脚踢球，不得连续踢球，当队员将球摆放好后，不得再碰球，否则视为犯规。

图7-16　"一球成名"

2. 活动2

（1）活动名称：亲子运球比赛。

（2）活动组织：以家庭为单位，每个家庭1个足球，位于起点线后。

（3）活动规则：裁判员发令后，由1名家庭成员将球带至红旗处，并绕红旗一周后返回，将球交给下一位家庭成员，以此类推，直到第三名家庭成员完成带球返回到起点，比赛结束。

（4）获胜条件：每两个家庭随机进行比赛，裁判员将记录所有家庭的比赛时间和成绩，取所花时间最少的前三名。

（5）活动如图7-17所示。

图7-17　亲子带球赛

3. 活动3

（1）活动名称：手拉手足球比赛。

（2）活动组织：每位家长携带自己的小孩与其他家庭一起进行足球比赛，一个家庭组队必须在2人以上。

（3）活动规则：每个家庭组队参加比赛，必须以自己家庭成员手拉手不可分离进行比赛，如果与家庭成员分开没有手拉手连在一起进行比赛则犯规，球权由对方获得。比赛时间限定为3分钟，在指定的比赛时间内如果双方打成平局，按家长及小孩双方都互罚点来分胜负。

（4）活动如图7-18所示。

图7-18　手拉手足球比赛

4. 活动4

（1）活动名称：三vs三亲子足球比赛。

（2）活动组织：每位家长携带自己的小孩与其他家庭一起进行足球比赛，一个家庭组队必须在2人以上。

（3）活动规则：比赛与正常足球比赛模式相同，比赛将进行淘汰制，先分出小组，然后比赛分三轮进行。赛制安排有小组赛、半决赛、决赛。比赛时间限定为3分钟，在指定的比赛时间内如果双方打成平局，按家长及小孩双方都互罚点来分胜负。

（4）活动如图7-19所示。

图7-19　三vs三亲子足球比赛

八、活动建议

（1）活动进行中提醒学生，不能擅自离开，以免错过比赛。
（2）提醒家长和学生准备好运动服装。
（3）活动前对家长和学生进行安全教育。
（4）提前布置场地和器材。

九、场地布置

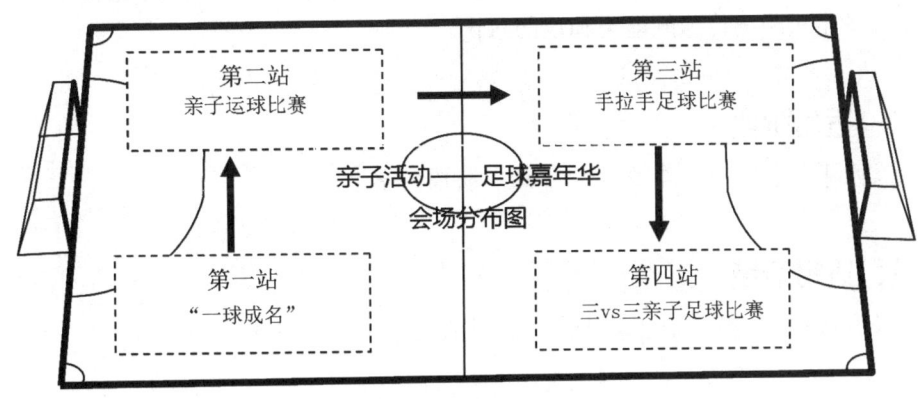

图7-20　场地布置

第六节 "百步穿杨"

一、活动目标

亲子活动是家校联合教育教学活动中的一部分，和谐、温馨的氛围是孩子健康活泼成长的必要条件。为学生创设合适的环境、空间、时间和活动内容，让孩子、家长、教师在活动中互动起来，可增进情感，加强沟通、交流，并统一教育理念。这些活动能提高学生踢球的准确性，发展奔跑能力和灵敏素质，锻炼学生脚部的控球能力，培养学生短距离传球的能力和攻防意识。

二、适用阶段

适合水平二、三（三年级至六年级）阶段的学生。

三、适用情境

家长开放日、年级亲子活动、班级亲子活动。

四、活动人数

每班2~10个家庭，每个家庭至少报2人，可以自由把控和安排。

五、活动时间

周末早上或下午，具体活动时间为2个小时。

六、场地器材

场地：30m×30m的足球场。
器材：标志碟20个，标志旗8根，足球10个，分组背心20件。

七、活动内容

1. 活动1

（1）活动名称："围猎打狼"。
（2）活动组织：在场地上画一个直径为15m的圆圈游戏区，学生为"狩猎者"，家长为"狼群"。"狩猎者"持球，站在圆圈的外围，"狼群"分散于圆圈场地内。"狩猎者"在场外踢球,伺机用球踢中"狼",被击中的"狼"退出游戏,并罚做俯卧撑5次。

（3）活动规则：被围猎的"狼群"均不得跑出游戏区。踢球时,只准用球击对方的腿部。

2. 活动2

（1）活动名称："球攻小门"。

（2）活动组织：如图7-21所示,在场地上画一个30 m×15 m的长方形游戏区,再画一条中线。在中线两侧等距离处用旗杆标出两个球门。将家庭分为人数相等的甲、乙两队,甲、乙两队相对站立在各自场地的端线上。

双方队员每人各持一球,任意选射一个球门,在规定的时间内,以进球多者为胜。

（3）活动规则：必须甲队踢完后,再换乙队踢,不准同时踢射。只准用脚背正面和脚内侧的踢球方法进行。一队踢球时,另一队积极供球,球必须从场外滚动过去对面。

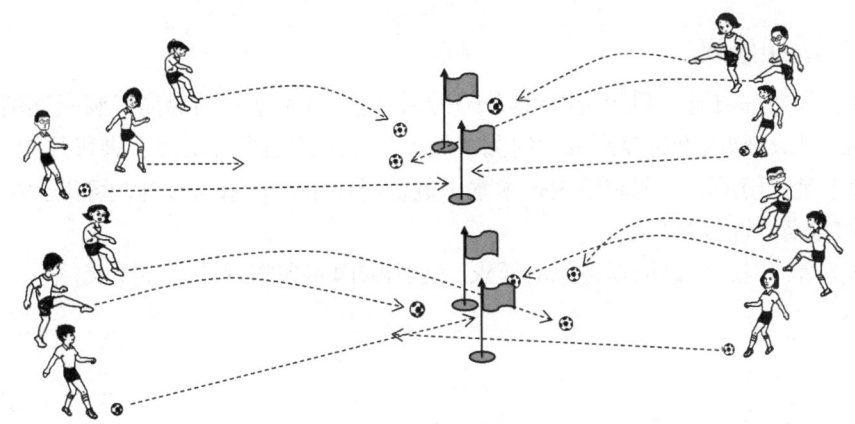

图7-21 "球攻小门"

3. 活动3

（1）活动名称："球攻四门"。

（2）活动组织：如图7-22所示,在场地上画一个边长为30 m的正方形游戏区,在游戏区的4条边线中间各相距2 m插2面小旗,组成4个球门。将4个家庭分成2队,分散站立于场地内。

各队守卫规定相邻的两个球门。一方发球后,另一方利用快跑、短传等技术攻射对手球门。两队互相攻防,得分多者为胜。

（3）活动规则：进攻方可以进攻规定的2个球门。一个球门可稍大一些,另一个球门稍小些。进大门得1分,进小门得2分。双方均不设守门员。

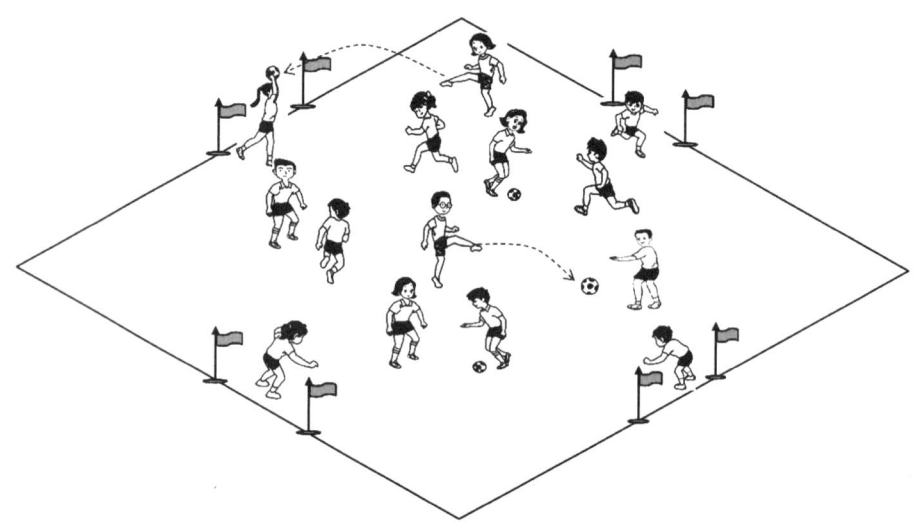

图 7-22 "球攻四门"

八、活动建议

（1）开始练习时，圆圈场地可以小一些，随着技术水平的提高，圆圈逐渐加大。击球方法可以从脚内侧过渡到脚背内侧，然后逐步过渡到脚背正面、脚背外侧。

（2）足球门的大小随着学生技术水平的情况而定，开始练习时，可以大一些，随着水平的提高，逐步缩小。

（3）练习时，可以根据技术的要求，使用脚内侧和脚背正面等技术。

第七节 "亲子对抗赛"

一、活动目标

亲子活动是家校联合教育教学活动中的一部分，和谐、温馨的氛围是孩子健康活泼成长的必要条件。为小学生创设合适的环境、空间、时间和活动内容，让孩子、家长、教师在活动中互动起来，可增进情感，加强沟通与交流，统一教育理念；这一活动可提高学生运球时的控制球能力和防守中快速移动的能力，发展奔跑能力和灵敏素质。

二、适用阶段

适合水平二、三（三年级至六年级）阶段的学生。

三、适用情境

家长开放日、年级亲子活动、班级亲子活动。

四、活动人数

每班2~10个家庭，每个家庭至少报2人，可以自由把控和安排。

五、活动时间

周末早上或下午，具体活动时间为2个小时。

六、场地器材

场地：30 m×30 m 的足球场。
器材：标志碟20个，标志旗8根，足球10个，分组背心20件。

七、活动内容

1. 活动1

（1）活动名称：严防紧守。

（2）活动组织：如图7-23所示，在场地上画2个直径为15 m的圆圈。一个家庭为一组，每组分别站在自己的圈内。各圈内每两人为一组，一人进攻，一人防守，进攻者脚下持球。每个进攻者在圈内运球，防守者抢球，抢到一次球得2分，且抢到球以后互相交换攻防位置，游戏继续进行。在规定的时间内，球权分值加上抢球得分，分值多者为胜。

（3）活动规则：抢球时可以使用合理冲撞技术和倒地铲球动作。分组游戏时，只用一个球，各组可互相配合掩护抢球。攻防双方均不准跑出圆圈外。

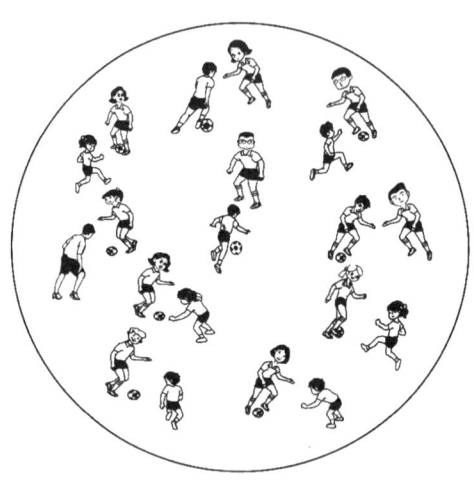

图 7-23 严防紧守

2. 活动2

（1）活动名称："猎人打虎"。

（2）活动组织：如图7-24所示，在场地上画一个20 m×20 m的正方形游戏区，选出2~3个孩子为"猎人"。"猎人"持球，其他家长扮演"老虎"分散于场地内。"猎人"在场内运球，伺机用球踢中"老虎"，被击中的"老虎"退出游戏，并罚做俯卧撑10次。

（3）活动规则全体游戏者均不得跑出游戏区。追击时，只准用球击对方的腿部。

图 7-24 "猎人打虎"

3. 活动3

（1）活动名称："守护果实"。

（2）活动组织：如图7-25所示，将家庭分为人数相等的两队，分散站立于30m×30m的足球场地内。每人各持一球，开始在场地内随意运球。每个游戏者要尽力保护自己的球，并寻机将其他人的球踢走，踢出一球得1分。在规定的时间内，被别人踢出场外最少球者为胜。

（3）活动规则：游戏者可踢出任何人的球，但不准推拉人。失球者应立即出场退出游戏，按逆时针方向绕场慢跑，直至游戏结束。

图7-25　"守护果实"

八、活动建议

（1）游戏开始时可以采用消极抢球的方法，掌握练习的方法后逐渐增加对抗的激烈程度。

（2）"老虎"被击中后，也可以成为"猎人"，以增加"猎人"的数量。最后被击中的"老虎"要受到表扬或奖励。该练习强度大，可向学生提出明确的要求。

（3）教师在学生做游戏时一定注意提示学生做好掩护球的动作。

（4）注意提示个别消极运球学生，避免原地不动。

第八节 "头头是道"

一、活动目标

亲子活动是家校联合教育教学活动中的一部分，和谐、温馨的氛围是孩子健康活泼成长的必要条件。为小学高年级段学生创设合适的环境、空间、时间和活动内容，让孩子、家长、教师在活动中互动起来，增进情感、加强沟通、交流，统一教育理念；使学生体会跑动中球触前额的部位，提高学生前额正面头顶球的感觉和能力，体会头顶球的基本动作要领。

二、适用阶段

适合水平二、三阶段的学生。

三、适用情境

家长开放日、年级亲子活动、班级亲子活动。

四、活动人数

2~10个家庭，可以自由把控和安排。

五、场地器材

场地：足球场1个。
器材：标志碟若干，石灰粉1小包，球门若干，足球若干。

六、活动内容

1. 活动1

（1）活动名称：头顶足球接力。

（2）活动组织：如图7-26所示，两个家庭成纵队站在起点线后进行比赛，各队间隔3 m，正前方15 m处放一个标志杆作为回转点的标志，各队第一个人头顶平放一个足球，教师发令以后，各队的排头队员迅速稳当地向前跑，在跑动中不使足球从头上掉下，跑到回转点处，绕过标志杆再运球跑回本队，将足球交给第2人继续，直到全队做完为止，先完成者为胜。

（3）活动规则：足球中途掉下，可以原地捡起放好后继续做，计分时扣去1分。如果捡起后边跑边放在头上，则判该同学犯规。

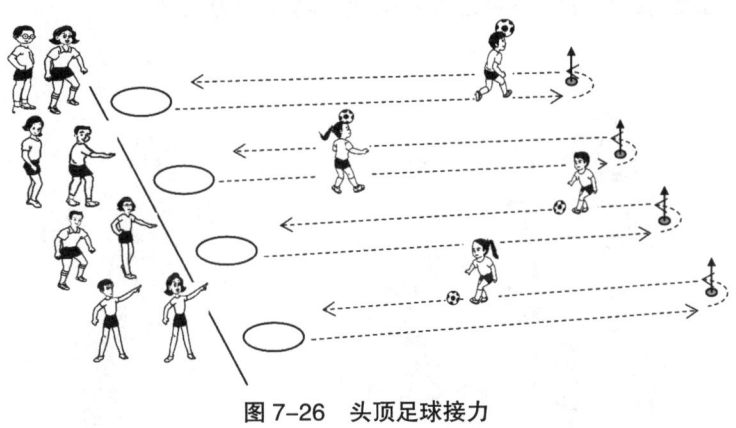

图7-26 头顶足球接力

2. 活动2

（1）活动名称：头颠球比赛。

（2）活动组织：如图7-27所示，每人手持足球一个，听教师发令后，用前额部位顶球，足球不得落地。

（3）活动规则：单位时间内（一般用1~2分钟），比较顶球的次数。失误后可以捡起球继续进行，但不计算当次个数。结束后累计次数，总数多者为胜。

图7-27 头颠球比赛

3. 活动3

（1）活动名称：对墙顶球。

（2）活动组织：如图7-28所示，将家庭分成人数相等的队，各队排头队员手拿

1个足球，面对墙3~5 m站立。游戏开始，各队排头队员站在限制线后，用手向墙抛球，由第二人用头顶球，第三人再用头顶球，依次进行，连续接球次数多的队为胜。

（3）活动规则：顶球时不得越过限制线，越线判为犯规。

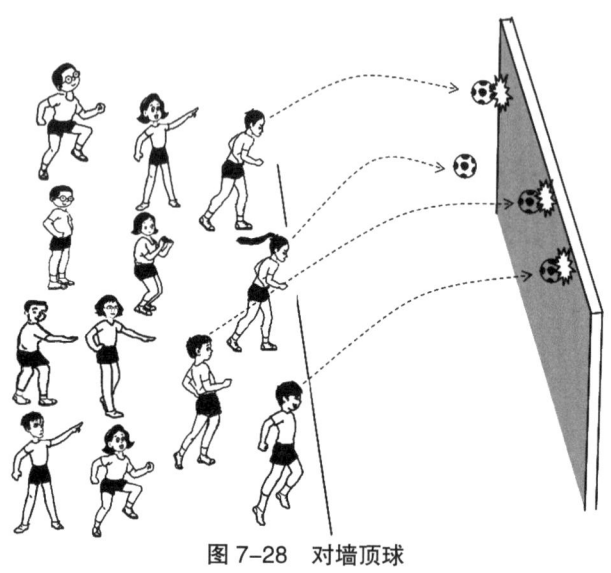

图 7-28　对墙顶球

七、活动建议

（1）开始练习时，足球的充气不要太足，主要是体会顶球的部位，跑动的距离可以由短到长。

（2）在头顶球练习中，可以让每一个学生自己设定目标，互相比赛，每堂课记录下头颠球的次数。

（3）限制线与足球墙的距离根据学生的技术水平而决定，开始练时距离可以稍近一些，逐渐增加距离。

第九节 "我的足球我做主"

一、活动目标

亲子活动是家校联合教育教学活动中的一部分，和谐、温馨的氛围是孩子健康活泼成长的必要条件。为小学高年段学生创设合适的环境、空间、时间和活动内容，让孩子、家长、教师在活动中互动起来，增进情感，加强沟通、交流，统一教育理念；本次活动主要培养了学生快速、准确的运球能力。在组织游戏活动时，可以将课程目标和教学任务融入其中，并能够引导学生掌握足球运动的技术和技能，调动学习的积极性和主动性。这使孩子得到身体和意志的锻炼，是一项非常适合全家进行的亲子活动。

二、适用阶段

适合水平二、三阶段的学生。

三、适用情境

家长开放日、年级亲子活动、班级亲子活动。

四、活动人数

2~10个家庭，可以自由把控和安排。

五、场地器材

场地：足球场1个。
器材：标志碟若干，石灰粉1小包，足球若干。

六、活动内容

1. 活动1

（1）活动名称："猴子运桃子"。
（2）活动组织：一个家庭一个家，哨声响后"大小猴子"一起迅速跑向其他"猴子"家中，将其他"猴子"家中的"桃子"运回到自己的家中。在一定时间内家中"桃子"多者为胜。家中"桃子"少的"猴子"接受相应的惩罚。
（3）活动规则：运回的"桃子"必须放稳在家中。

2. 活动2

（1）活动名称："蚂蚁搬家"。

（2）活动组织：如图7-29所示，一个家庭一个"窝"，等哨声响后开始向场地中间的球跑去，拿到球后迅速将球运到自己的"窝"内。队员尽可能多地把场地中间的球运到自己的"窝"内。运回"窝"中球多者为胜，少的队员根据情况接收相应惩罚。

（3）活动规则：队员不能抢其他"窝"内的球，中间的球被运完，游戏结束。

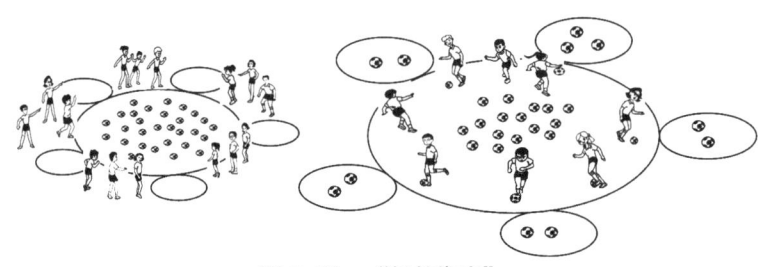

图7-29 "蚂蚁搬家"

3. 活动3

（1）活动名称：再度穿越。

（2）活动组织：如图7-30所示，一个家庭3名成员在场地上画一个直径为15 m的圆圈。3人持球，围圆圈运球，听到哨声以后，迅速运球穿过圆圈中心，穿过圆圈时注意避免碰撞，5次哨声后比赛结束。

（3）活动规则：发生碰撞最少的家庭胜出。

图7-30 再度穿越

七、活动建议

（1）根据练习的人数，可以采用方形的场地或五角形的场地，球的数量可以调整。

（2）根据学生年龄的不同，圆圈的大小可以不同。水平三阶段的学生可以大一些，水平二阶段的学生可以小一些。

（3）开始练习时，通过圆圈的速度可以慢一些。随着练习的熟练程度提高，要求加快通过圆圈的速度。

第十节 "无球胜有球"

一、活动目标

亲子活动是家校联合教育教学活动中的一部分，和谐、温馨的氛围是孩子健康活泼成长的必要条件。为小学高年段学生创设合适的环境、空间、时间和活动内容，让孩子、家长、教师在活动中互动起来，增进情感、加强沟通、交流、统一教育理念。无球足球游戏打破了以往的局限，它能提高学生的腿部力量，提高单脚支撑的能力，提高和家人的默契，它是足球教学中非常有效的教学手段之一。在组织游戏活动时，可以将课程目标和教学任务融入其中，并能够引导学生掌握足球运动的技术和技能，调动学习的积极性和主动性。让孩子得到身体和意志的锻炼，是一项非常适合全家进行的亲子活动。

二、适用阶段

适合水平三阶段的学生。

三、适用情境

家长开放日、年级亲子活动、班级亲子活动。

四、活动人数

2~10 个家庭，可以自由把控和安排。

五、场地器材

场地：足球场 1 个。
器材：标志碟若干，石灰粉 1 小包，足球若干。

六、活动内容

1. 活动1

（1）活动名称："足球斗鸡"。
（2）活动组织：如图 7-31 所示，在场地上画两条相距 6 m 的平行线，两线中间画 4 个直径 2 m 的圆圈，将学生和家长分成两个队，分别站在两边线后。游戏开始，在每个圆圈内的每队派出一人，相向站立，两手放在背后互握，家长只能单脚站立。教师发令后，学生用肩膀去冲撞家长，在10秒内将家长撞得单脚站立不稳而双脚落地或将家长撞出圈外时学生胜，反之家长胜。

（3）活动规则：不许用手推或拉人，不许用头或膝顶人；可用假动作；屈起的腿落地、被撞出圈外、踩线以及用手撑地的均算失败。

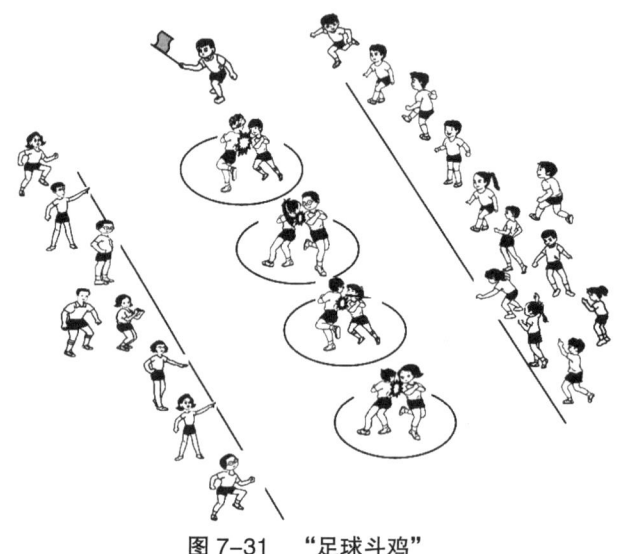

图 7-31 "足球斗鸡"

2. 活动2

（1）活动名称："骑马打仗"。

（2）活动组织：家长背起学生，教师发出指令以后，两队开始战斗，学生努力将对方上面的人拉下"马"。

（3）活动规则：只许拉扯对方的手、肩部，不许打、顶头部或肋部。被拉下的"马"，要退出游戏，不许重组再参战。

3. 活动3

（1）活动名称：跑向安全岛。

（2）活动组织：画一个直径为9.15m的大圆，大圆内再画一个直径为3m的小同心圆，大圆外为安全区，小圆内为安全岛，大圆与小圆之间的区域为追逐区。选2~3个家长为追逐者，站在追逐区内，其他学生分散站立在大圆之外，游戏开始，圆外的学生可以通过追逐区进入安全岛，但在通过追逐区时，如被追逐者追拍到，即淘汰出局。

（3）活动规则：学生进入安全岛或大圆外的安全区，追逐者则不能再追拍。学生不能站在安全区或安全岛内不移动，如出现这种情况，追逐者可以读秒，数到3秒，如果其间无人换区，则可任意指定一名学生淘汰。

第十一节 "亲子足球联赛"

一、活动目标

亲子足球联赛拓展活动，让家长和孩子共同参与，可以增进家长与家长之间、家长与孩子之间、家长与老师之间、老师与学生之间等亲近关系的配合、师生的关系，有助于孩子的身心健康成长，并培养小学高年级学生的竞赛意识，增强学生家长的沟通、交流与配合。

二、适用阶段

适合水平三（五、六年级）阶段的学生。

三、适用情境

家长开放日、年级亲子活动、校运会等。

四、活动人数

五、六年级各班，每班可报名5~8名家长，5~8名学生参与。

五、活动时间

周末早上或下午，具体活动时间为2个小时。

六、场地器材

场地：30m×20m场区。
器材：排球网、足球若干、分队背心2件、记分牌1个、绳子1根、标志旗2根。

七、活动内容

1. 活动1

（1）活动名称：脚踢低球。
（2）活动目的：锻炼脚下控制球的能力，以及亲子配合能力。
（3）场地器材：小足球场地1个，标志旗2根，绳子1根，足球若干。
（4）活动方法：在场地上画一个20m×15m的长方形的活动区，两根木桩立于边

线两侧，绳子拉于木桩上。每个班级家长学生各5人，分散立于各自的半场内。发球一方持球，将球从绳下踢向对方场区，踢入对方后场1次得1分，在规定的时间内，得分多者为胜。

（5）活动规则：双方可以在绳下来回踢球，但不准越过中线进入对方场区。球从绳上越过或碰绳均为失误，失误后由对方开球。

（6）活动建议：绳子的高低，可以根据学生的水平来决定，也可以限制踢球的次数。

2. 活动2

（1）活动名称：清场比赛。

（2）活动目的：锻炼脚下控制球的能力，以及亲子配合能力，增强集体主义精神。

（3）场地器材：小足球场地1个，标志旗2根，绳子1根，足球若干。

（4）活动方法：在场地上画一个30 m×20 m的长方形的活动区，在中线上距地2 m高处设长绳1根。将学生分为人数相等的两队，每人1个足球，分别站立于各自的半场内。开始，双方尽力将球从长绳下踢进对方的场区内。在规定的时间内，半场内的足球最少者为胜。

（5）活动规则：双方活动者必须在各自半场内活动，不准进入对方的场区。球必须从长绳下钻过，且不准飞向场外。

（6）活动建议：场地的大小，足球的数量，可以根据学生的情况而定。在练习时，可以先摆好阵形，及其对应负责的场区，初步建立一个位置的概念。

3. 活动3

（1）活动名称：足排球比赛。

（2）活动目的：训练学生头顶球的能力，促进学生家长的沟通交流与配合。

（3）场地器材：排球场地1个，排球网1副，可以随意升高、降低。

（4）活动方法：将学生分成人数相等的两队，在一个排球场地上。在各自的半场内按位置站立。一个队用手抛球，同伴用头顶球的方法按照排球的规则进行比赛。根据学生掌握动作的技术水平，活动时排球网可以调整不同的高度。人数也可以有多有少。

（5）活动规则：可以参照排球比赛的方法进行。

（6）活动建议：注意根据学生的技术水平，调整球网的高度。

第十二节 "百发百中"

一、活动目标

为推动校园足球健康、普及、快速、发展，丰富学校的校园足球文化，进一步增进家校联合，将家长请进校园与学生共同享受校园足球的快乐，增添校园中足球的活动氛围，促进校园足球的发展。通过亲子群体间的交流活动，增强亲子间的信任度和默契，更好地发展学生的社会交往及适应能力。

二、适用阶段

适合水平三（五、六年级）阶段的学生。

三、适用情境

家长开放日、年级亲子活动、校运会等。

四、活动人数

五、六年级各班级，每班3位家长3位学生参与。

五、活动时间

周末上午或下午，具体活动时间为2个小时。

六、场地器材

场地：10m×5m场区。
器材：移动旗杆、分队背心、足球若干、秒表。

七、活动内容

1. 活动1

（1）活动名称：掷中圆心。
（2）活动方法：如图7-32所示，在场地上画5个同心圆，并画上分数，在距离圆心10m的位置画一条线，分别为起点。从起点线开始，双手抱球，参赛者用最大的力量将足球朝圆心方向投掷，以足球的第一落点为本轮的有效成绩，当每位参赛者投掷完后，统计得分，分数高的班级为胜。

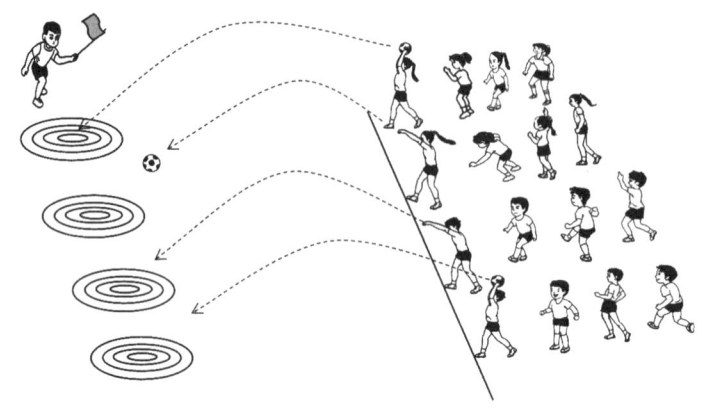

图 7-32 掷中圆心

（3）活动规则：参赛者必须将球放在后脑勺后才能掷球。参赛者必须在起点线后开始掷球。踩线为无效成绩。参赛者站立方式不限。（可以前后分脚站立，也可以左右站立，参赛者可以自行选择）

2. 活动2

（1）活动名称：挑战圆心。

（2）活动方法：教师或裁判员发令后，队员按顺序用脚背内侧，依次向同心圈内踢球，落点在哪个圆圈内或压到哪个圆圈的线上，就计算哪个圆圈的分数。每次传球由教师或裁判员报分，将班级所有人的得分相加。直到活动结束，最后得分最高的班级获胜（如图7-33所示）。

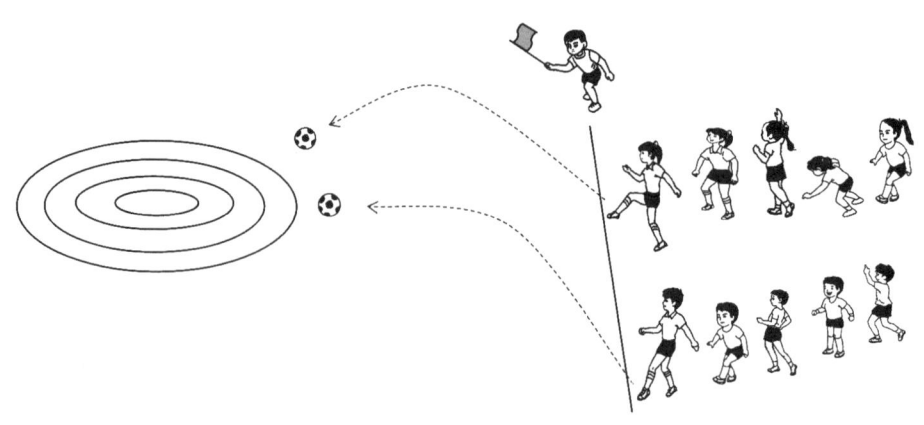

图 7-33 挑战圆心

（3）活动规则：参赛者不得进入传球线进行传球，进入传球线内传球不得分。必须采用脚内侧传球，运用其他技术动作传球不得分。以足球的第一落点为有效成绩，第一落点压在哪个圆圈线上，就按哪个圆圈的分数记成绩。如果足球的第一落点压在两个圈中间的线上，按高的圆圈分数计算，第二落点和地滚球进圈均不得分。

3. 活动3

（1）活动名称：空中飞顶。

（2）活动方法：如图7-34所示，在室内设法用吊绳悬挂一些直径为1m的圆环（用呼啦圈即可），高度要适中。1名学生1名家长2人一组，一人持球，持球者用手抛球，另一人用头顶球的方式使球穿过吊环，也可以自己抛球后顶球。

图7-34　空中飞顶

（3）活动规则：比赛过程中，自己抛球顶进吊环得1分；顶同伴抛的球进吊环得2分。在规定的时间内，得分多的班级为胜。

八、活动建议

（1）发令前必须站在指定点位，不得越线。

（2）比赛者要按足球技术来进行比赛，也可限定用某一技术来进行比赛，例如，脚内侧、脚背外侧、头顶球等技术。

（3）若失误球滚出界外自行捡回继续比赛。

（4）一个家庭要有序依次进行。

（5）班主任（或副班主任）不得参与操作，只能协调赛前工作。

（6）如有以上违规现象，将取消该轮传球次数。

第十三节 "传接球"

一、活动目标

推动校园足球文化，加深家校交流和合作，特举办校园足球亲子趣味活动，将家长请进校园与学生共同享受校园足球的快乐。为家庭提供一流的服务和教育指导，帮助家长营造家长与孩子间的交流与交往，从而促进孩子的健康成长，让学生与家长在运动中找到快乐，在快乐中培养默契，在默契中体会团队精神。

二、适用阶段

适合水平三阶段的学生。

三、适用情境

家长开放日、年级亲子活动、校运会等。

四、活动人数

五、六年级各班级，每班3个家庭参与，每个家庭2~6人，3个家庭1个小组。

五、活动时间

周末上午或下午，具体活动时间为2个小时。

六、场地器材

场地：5m×5m 场区。
器材：可移动旗杆、分队背心若干、5个足球、秒表。

七、活动内容

1. 活动1

在足球场上选择一块空地，并按图7-35画好三角形点位，并与家长学生明确点位，不可离开点位进行传接球，若离开点位进行传接球，则计无效个数。将每个班级参加比赛的每一组家庭（3人）围成三角形形状（每个家庭相隔距离为5m），分别按三角形点位站好准备，如图7-35所示。

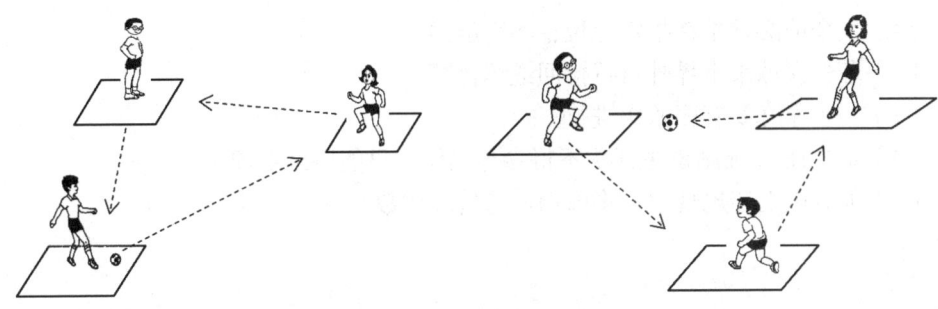

图 7-35 三角传球

发令后,家庭第一位成员将球传给第二位成员,第二位成员接球后传给第三位成员,第三位成员接球后再传给第一位成员。第三个家庭第一位成员接球后传,依此类推直到比赛结束,5 个家庭在规定时间内传球成功总次数为最后成绩,比赛时间为 5 分钟。

2. 活动2

在足球场上选择一块空地,并按图 7-36 画好三角形点位,并与家长学生明确点位,不可离开点位进行传接球,若离开点位进行传接球,则计无效个数。

每个班级参加比赛的有 3 组家庭,每组家庭 2 人,1 名学生 1 名家长。

其中一只脚需用绳子捆绑起来,围成三角形形状,每组家庭相隔距离为 5m,分别按三角形点位站好准备,用捆绑的脚进行传接球,如图 7-36 所示。

图 7-36 双脚三角传球

发令后,第一组家庭成员将球传给第二组家庭成员,第二组家庭成员接球后传给第三组家庭成员,第三组家庭成员接球后再传给第一组家庭成员,依此类推直到比赛结束,每个班级在规定时间内传球成功总次数为最后成绩,比赛时间为 5 分钟。

八、活动建议

（1）发令前必须站在指定点位，不得越线。

（2）若失误球滚出界外自行捡回继续比赛。

（3）一个家庭要有序依次进行。

（4）班主任（或副班主任）不得参与操作，只能协调赛前工作。

（5）如有以上违规现象，将取消该轮传球次数。

第十四节 "夹球者疯狂"

一、活动目标

推动校园足球健康、普及、快速、发展,丰富学校的校园足球文化,增进家校联合,将家长请进校园与学生共同合作竞赛,培养学生团队团结协作的合作意识,增添校园足球文化的活动氛围,促进校园足球的发展。为小学高年段学生创设合适的环境、空间、时间和活动内容,让孩子、家长、教师在活动中互动起来,增进情感,加强沟通、交流,统一教育理念,也可以缓解现代人日益紧张的生活压力。本活动使学生得到身体和意志的锻炼,是一项非常适合全家进行的亲子运动项目。

二、适用阶段

适合水平一、二、三(一年级至六年级)阶段的学生。

三、适用情境

家长开放日、年级亲子活动、校运会等。

四、活动人数

各班学生5~8人,家长5~8人,1位家长1位学生为1组,每位参赛者按照"家长+孩子"的顺序站立。

五、活动时间

周末早上或下午,具体活动时间为2个小时。

六、场地器材

场地:5m×20m场区。
器材:足球1个、标志筒2个、分队背心1件、小球门1个。

七、活动内容

1. 活动1

(1)活动名称:脚夹球接力。

（2）活动方法：如图7-37所示，各参赛代表队分别站在场地的起点线上，听到开始的口令后，各队每边各出一人脚夹球跳到标志筒处，绕过标志筒，返回起点线处将球交给下一位参赛者。中间球掉落后，自行将球拾起，回到脱落处，再继续进行比赛。用时最短的代表队获胜。

（3）活动规则：参赛者必须将足球夹在两脚之间。交换下一位参赛者时，必须在起点线后进行交换球，在起点线前进行交换球，犯规一次，在总时间上加5秒。

（4）活动人数：5名学生、5名家长（男女不限）。

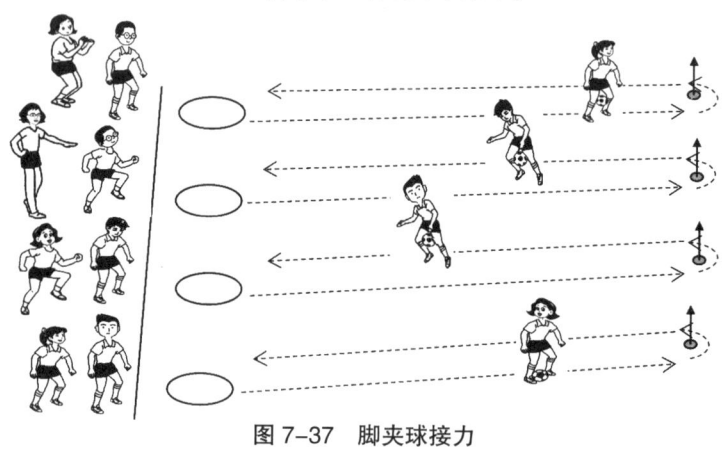

图7-37 脚夹球接力

2. 活动2

（1）活动名称：背夹球接力。

（2）活动方法：如图7-38所示，两位参赛者背靠背站立，背部中间夹住1个足球，从起点线开始到20 m处绕过标志筒，返回起点线处将球交给下两位参赛者。中间如果球掉落后，需将球拾回再继续比赛。用时最短的代表队获胜。

（3）活动规则：参赛者必须在背部进行夹球（其他部位夹球无效）。交换下一位参赛者时，必须在起点线后进行球交换。

（4）活动人数：6名学生、6名家长（男女不限）。

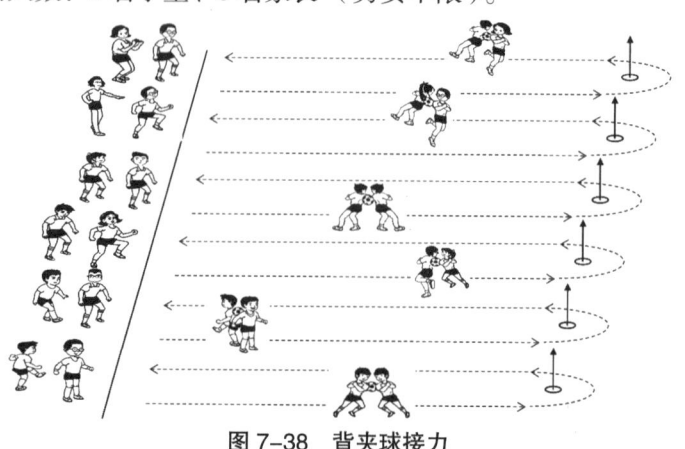

图7-38 背夹球接力

3. 活动3

（1）活动名称：体操棒夹球。

（2）活动方法：如图7-39所示，组织好各代表队在起点线上站好，1名学生1名家长两人面对面合作用体操棒夹球，当听指令后出发，向前面20m处的球框运球。相同时间内看哪个代表队运的球最多，运球数量最多的代表队为胜。

（3）活动规则：在运球途中球从哪里掉下来，就从哪里捡起来再出发。在运球过程中，参赛者不能用手扶着球。

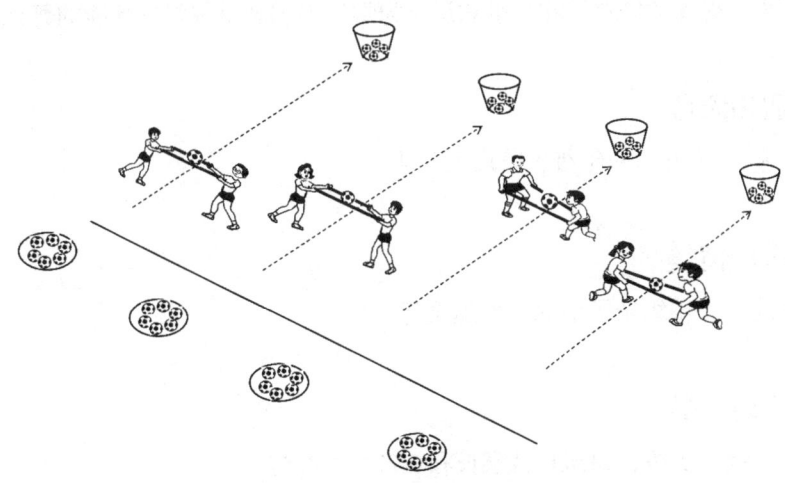

图7-39 体操棒夹球

八、活动建议

（1）活动进行中提醒学生，不能擅自离开，以免错过比赛。

（2）提醒家长和学生准备好运动服装。

（3）活动前对家长和学生进行安全教育。

（4）提前布置场地和器材。

（5）注重适应社会和社会交往能力的引导。

第十五节 "运球最有味"

一、活动目标

为了促进校园足球的发展，通过亲子间的交流活动，增强亲子间的信任度和默契，开阔孩子视野，密切亲子感情，丰富学生课余生活，增强学生体质，增进家庭和谐，促进家校沟通，更好地发展学生的社会交往及适应能力。通过活动锻炼身体，培养团队意识和拼搏意识，提高竞争意识和公平意识，为学生提供展示并发展才能的舞台。

二、适用阶段

适合水平三（五、六年级）阶段的学生。

三、适用情境

家长开放日、年级亲子活动、校运会等。

四、活动人数

五、六年级各班级，每班6名家长和6名学生参与。

五、活动时间

周末上午或下午，具体活动时间为2个小时。

六、场地器材

场地：10m×5m 场区。
器材：可移动旗杆、分队背心、足球若干、秒表。

七、活动内容

1. 活动1

（1）活动方法：在场地上画两条相距30 m的平行线，分别为起、折点。从起点线开始，每相距2 m插一根标志旗杆，当听到哨音后，各队的排头向前运球，绕过标志旗杆回到起点线将球交给第二名同学，依次进行。先完成的队为胜。

（2）活动规则：需要1名学生、1名家长间隔进行交替。接力同学必须等运球同学将球运到起点线上才可接球，不可到起点线前接球，少绕一根旗杆则为失败或计一次犯规，犯规次数少者为胜。运球方式不限，可按自己习惯的运球方式进行运球。

2. 活动2

（1）活动目的：发展学生的柔韧性和灵活性，提高其快速跑的能力。

（2）场地器材：半个足球场地，足球10个。

（3）活动方法：在场地一端画一个直径15m的圆圈，全体学生家长面向内等距离站立在圆圈的弧线上。家长组立于圈上不动，学生组每人脚下一球。学生组按逆时针方向依次绕过家长组每人，做S形曲线运球。完成规定的圈数后，两组交换，学生组站立于家长组每人的位置上，家长组用学生组的方法进行运球。以完成练习，使用时间最短的一组为胜。

（4）活动规则：需要1名学生、1名家长间隔进行交替，运球开始时开表，各组最后1人返回原位时停表，如绕人跑中运球失误，应从失误处重新开始运球。

（5）教学建议：根据学生掌握技术动作的情况，可以调整圈上学生的间距。

3. 活动3

发令前，将各班参赛队的学生家长分成甲、乙两队，分别站在比赛场地两端的起跑线后（如图7-40所示）。

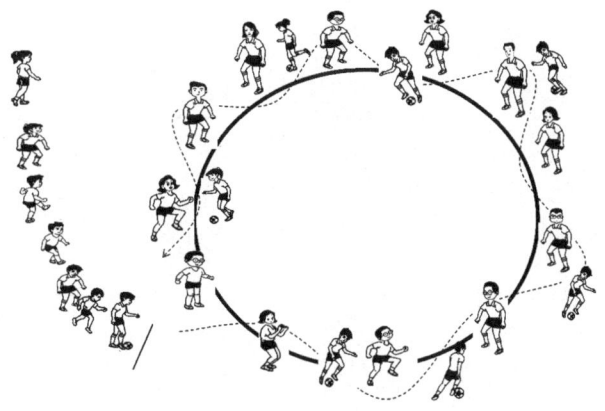

图7-40　百味运球

发令后，甲队的第一位同学跑向前方圆圈中的小足球处，脚部开始推动小足球进行运球，并在本道中的标志旗杆间用脚部进行行进间运球方式完成曲线运球。完成曲线运球后，迅速将小足球运向乙队交接区内的圆圈中并停放好，停放好后，再与乙队的第一个家长进行交接，然后站到乙队的排尾。乙队第一位家长用同样的方法，向甲队方向完成曲线运球，并与甲队的第二位同学进行交接。以此类推，先通过终点的班队为胜。

八、活动建议

（1）发令前必须站在指定点位，不得越线。

（2）比赛运球时，球出界了，应马上捡球回到丢球处接着进行运球，如不回到丢球处进行运球者，每出现1次将加罚2秒，依据犯规次数将累计加罚时间。

（3）运球同学要按足球技术中的脚法运球，可限定用脚内侧、脚背外侧等脚法运球。

（4）班主任（或副班主任）不得参与操作，只能协调赛前工作。

（5）在比赛过程中每个队员必须绕过每一根标志旗杆，少绕一个杆则为犯规，每出现1次将加罚2秒，依据犯规次数将累计加罚时间。

（6）运球交接时，必须在交接区内的圆圈内完成才算完成交接，如在圆圈外交接的，每出现1次将加罚2秒，依据犯规次数将累计加罚时间。

第八章
个人晋级类活动体系参考

一、个人晋级指标和权重对照表

等级	单项指标	权重（%）
一级	双脚交替踩球	10
	脚内侧拨球	10
	直线运球	30
	踢准	30
	冲刺跑	20
二级	脚内侧传接球	25
	往返运球	25
	踢准	20
	折线跑	15
	冲刺跑	15
三级	行进间踩球	10
	脚内侧运球	20
	踢准	15
	绕杆跑	25
	小场地比赛	30
四级	绕杆运球	20
	折线运球	20
	脚背正面射门	15

（续表）

等级	单项指标	权重（%）
四级	200 m	15
	小场地比赛	30
五级	脚背正面颠球	15
	脚内侧踢空中球	15
	折线运球	20
	400 m	20
	小场地比赛	30
六级	折线运球	15
	脚背外侧踢球	15
	运球绕杆射门	20
	50 m×8 次往返跑	20
	小场地比赛	30

二、评分表

一级评分表

测评内容	单位	得分/分									
		10	9	8	7	6	5	4	3	2	1
双脚交替踩球	次	100以上	90~100	81~90	71~80	61~70	51~60	41~50	31~40	21~30	11~20
脚内侧拨球	次	100以上	90~100	81~90	71~80	61~70	51~60	41~50	31~40	21~30	11~20
直线运球	秒	5.1~5.2	5.3~5.4	5.5~5.6	5.7~5.8	5.9~6.0	6.1~6.2	6.3~6.4	6.5~6.6	6.7~6.8	6.9~7.0
踢准	分	10	9	8	7	6	5	4	3	2	1
冲刺跑	秒	≤ 4.0	4.1~4.2	4.3~4.4	4.5~4.6	4.7~4.8	4.9~5.0	5.1~5.2	5.3~5.4	5.5~5.6	5.7~5.8

二级评分表

测评内容	单位	得分/分									
		10	9	8	7	6	5	4	3	2	1
脚内侧传接球	分	45	40	38	36	34	32	30	28	26	24
往返运球	分	≤7.2	7.3~8.0	8.1~9.2	9.3~10.0	10.1~11.1	11.2~11.9	12~12.7	12.8~13.3	13.4~14.3	14.4~15.1
踢准	分	10	9	8	7	6	5	4	3	2	1
折线跑	秒	≤8.8	8.9~9.1	9.2~9.3	9.4~9.6	9.7~9.9	10.0~10.2	10.3~10.5	10.6~10.9	11.0~11.7	11.8~12.5
冲刺跑	秒	≤4.0	4.1~4.2	4.3~4.4	4.5~4.6	4.7~4.8	4.9~5.0	5.1~5.2	5.3~5.4	5.5~5.6	5.7~5.8

三级评分表

测评内容	单位	得分/分									
		10	9	8	7	6	5	4	3	2	1
行进间踩球	秒	≤16.4	16.5~16.8	16.9~17.3	17.4~17.8	17.9~18.5	18.6~19.2	19.3~20.0	20.1~20.8	20.9~21.7	21.8~22.5
脚内侧运球	分	≤11.1	11.2~12	12.1~12.8	12.9~13.6	13.7~14.2	14.3~14.7	14.8~15.3	15.4~15.9	16.0~16.5	16.6~17
踢准	分	10	9	8	7	6	5	4	3	2	1
绕杆跑	秒	≤5.8	5.9~6.2	6.3~6.4	6.5~6.6	6.7~6.8	6.9~7.0	7.1~7.2	7.3~7.4	7.5~7.7	7.8~8.5
小场地比赛	分	10	9	8	7	6	5	4	3	2	1

四级评分表

测评内容	单位	得分/分									
		10	9	8	7	6	5	4	3	2	1
绕杆运球	秒	≤9.0	9.1~10.2	10.3~11.1	11.2~12.3	12.4~13.1	13.2~13.9	14.0~14.9	15.0~16.3	16.4~17.6	17.7~18.6
折线运球	秒	12.1~12.8	12.9~13.6	13.7~14.2	14.3~14.7	14.8~15.3	15.4~15.9	16.0~16.5	16.6~17.0	17.1~17.8	17.9~18.6
脚背正面射门	分	10	9	8	7	6	5	4	3	2	1
200 m	秒	45	46	47	48	49	50	51	52	53	54
小场地比赛	分	10	9	8	7	6	5	4	3	2	1

五级评分表

测评内容	单位	得分/分									
		10	9	8	7	6	5	4	3	2	1
脚背正面颠球	次	≥20	17~18	15~16	13~14	11~12	9~10	7~8	5~6	3~4	2
脚内侧踢球	米	25	20~25	18~20	15~18	13~15	10~13	8~10	6~8	3~6	3
折线运球	秒	12.1~12.8	12.9~13.6	13.7~14.2	14.3~14.7	14.8~15.3	15.4~15.9	16.0~16.5	16.6~17.0	17.1~17.8	17.9~18.6
400 m	秒	88~90	92~83	97~100	103~108	111~115	119~125	127~133	135~139	143~148	151~153
小场地比赛	分	10	9	8	7	6	5	4	3	2	1

六级评分表

测评内容	单位	得分 / 分									
		10	9	8	7	6	5	4	3	2	1
折线运球	秒	≤11.1	11.2~12.0	12.1~12.8	12.9~13.6	13.7~14.2	14.3~14.7	14.8~15.3	15.4~15.9	16.0~16.5	16.6~17.0
脚背外侧踢球	分	10	9	8	7	6	5	4	3	2	1
运球绕杆射门	秒	25	27	29	30	31	33	35	37	39	41
50 m×8次往返跑	分	1'44"~1'46"	1'50"~1'52"	1'56"~1'58"	2'02"~2'04"	2'08"~2'10"	2'14"~2'16"	2'20"~2'22"	2'27"~2'30"	2'35"~2'38"	2'43"及以下
小场地比赛	分	10	9	8	7	6	5	4	3	2	1

三、个人晋级测试内容

1. 一级测试内容

（1）双脚交替踩球。

测试场地：5 m×5 m 的足球场地或平整的运动场地。

测试器材：秒表、足球、标志碟。

动作要领：双膝微屈、前脚掌交替踩到球的中后部。

测试方法：听到测评员口令后，双脚前脚掌连续交替做踩球动作，身体保持，双手前后摆动，原地或行进间踩球，平衡测试时间为1分钟，球出界外停止测试。

计分：满分10分。

（2）脚内侧拨球。

测试场地：5 m×5 m 的足球场地或平整的运动场地。

测试器材：秒表、足球、标志碟。

动作要领：将球放置两脚之间，两膝微曲，重心落在两脚间，用右脚内侧拨球右侧中部，将球拨向左脚，左脚同样用脚内侧将来球拨向右脚的来回拨球动作。

测试方法：听到测评员口令后，双脚内侧做左右横向拨球动作，双手稍微架起来保持身体平衡，原地或行进间左右拨球，平衡测试时间为1分钟，球出界外停止测试。

计分：满分10分。

（3）直线运球。

测试场地：15m×15m的足球场地或平整的运动场地。

测试器材：足球、标志碟、复合粉。

动作要领：重心稍下降，支持脚及时跟上，始终处于球后方。

测试方法：听到测评员口令后，从起点处快速开始运球，到达终点线15m处用脚把球踩住，结束测试。用正脚背或者外脚背触球的后中部，双手自然摆臂，行进间快速运球，在一定区域内完成30次或以上的移动触球。

计分：测评员计时或球动开始计时，球到终点后以脚踩住为停止计时的点，根据评分标准打分。

（4）踢准。

测试场地：10m×6m的足球场地或平整的运动场地，球门距起始线8m，球门尺寸为1.5m×1m，球门与球门之间相距0.5m。

测试器材：足球、标志碟、标志筒。

动作要领：脚内侧踢地滚球，直线助跑，支撑脚踏在球的侧方，踢球腿后摆，踢球腿加速前摆，用脚内侧击球的后中部，随球前摆。

测试方法：听到测评员口令后，在起始线上运球，进入射门区内，用脚内侧地滚球的方式将球踢进距离射门区8m处的3个球门内，每人10球。

计分：每次踢准后，球员不超出起始线的得1分，踢进相应球门得不同的分，累计相加得出最后分数，满分30分。

（5）冲刺跑。

测试场地：50m×5m的足球场地或平整的运动场地。

测试器材：秒表、旗杆、复合粉。

动作要领：加强后蹬力和加快摆腿与摆臂的速度。

测试方法：听测评员口令后，球员统一采用站立式起跑姿势，双手自然摆臂，用力向前20m处方向跑步。

计分：满分20分。

2. 二级测试内容

（1）脚内侧传接球。

测试场地：5m×5m的足球场地或平整的运动场地。

测试器材：足球、标志碟。

动作要领：支撑脚在球的一侧，踢球腿髋关节外展，由后向前摆动，用脚内侧踢球的后中部；接球时身体正对来球方向，大腿外展，脚触球瞬间用脚内侧切挡来球。

测试方法：听到测评员口令后，两人一组，面对面站立，在范围内一名球员用脚内侧传球滚球给另一名球员，另一名球员用脚内侧接球，传接球25个。

计分：传球超出范围每球扣1分，没有使用脚内侧传接球每次扣1分，满分25分。

（2）往返运球。

测试场地：20 m×20 m的足球场地或平整的运动场地。

测试器材：足球、标志筒、标志碟。

动作要领：用正脚背或者外脚背触球的后中部，双手自然摆臂，支撑脚在球的一侧。

测试方法：听到测评员口令后，从起始点开始，行进间进行往返运球，每次推动球要求控制好球，在20 m标志筒处返回起始点。

计分：测评员计时，球动开始计时，球踩到起点线计时停止，每人测试2次，取最好的成绩，满分25分。

（3）踢准。

测试场地：10 m×10 m的足球场地或平整的运动场地，球门距起始线10 m，球门尺寸为1.5 m×1 m，球门与球门之间相距1 m。

测试器材：足球、标志碟、标志筒。

动作要领：脚内侧踢地滚球，直线助跑，支撑脚踏在球的侧方，踢球腿后摆，踢球腿加速前摆，用脚内侧击球的后中部，随球前摆。

测试方法：听到测评员口令后，在起始线上运球，进入射门区内，用脚内侧地滚球的方式将球踢进距离射门区10 m处的3个球门内，每人10球。

计分：每次踢准后，踢进相应球门得不同的分，累计相加得出最后分数，满分20分。

（4）折线跑。

测试场地：在平整的人工草坪或天然草足球场、运动场划定25 m×5 m的区域。起点距离终点22 m，标志杆之间宽4 m、长8 m。

测试器材：秒表、标志杆、哨子。

动作要领：学生在起始线以站立式起跑姿势准备，听到测评员口令后，从起始线跑步，分别绕过标志杆外侧，跑到终点线上结束。

测试方法：哨声启动开始计时，跑到在终点线上停止计时。

计分：测评员计时，对照评分标准给予相应成绩。每人测试2次，取最好的成绩。满分15分。

（5）冲刺跑。

测试场地：50 m×5 m 的足球场地或平整的运动场地。

测试器材：秒表、标志杆、复合粉。

动作要领：加强后蹬力和加快摆腿与摆臂的速度。

测试方法：听到测评员口令后，球员统一采用站立式起跑姿势，双手自然摆臂，用力向前 20 m 处方向跑步。

计分：满分 15 分。

3. 三级测试内容

（1）行进间踩球。

测试场地：在平整的人工草坪或天然草足球场、运动场划定 15 m×15 m 的区域，在起点线前 3 m 放置雪糕筒或标志杆。

动作要领：右（左）前脚掌轻踩球的上部，右（左）前脚掌抬离，左（右）前脚掌轻踩球的上部，左（右）前脚掌抬离；前脚掌踩球的正上方，踩球要轻，重心在支撑脚上；两脚交替踩推球前进。注意双脚交替行进的连贯性，以及行进间对球的控制。

测试方法：行进间双脚交替踩球。学生单脚将球踩到起点线处，当球离开起点线位置时测评员开始计时，学生两脚交替踩推球前进，到达终点 20 m 处将球踩住，计时结束。

注意事项：球失去控制时需回到失控地点重新开始，测评时间不超过 1 分钟。

评分方法：测评员计时，球动开始计时，球达到终点后被脚踩住时停止计时。测评员根据学生用时到达终点进行评分，对照评分标准给予相应成绩。每人连续测试 2 次，取最好的成绩，满分 10 分。

（2）脚内侧运球（参照绕杆运球方法）。

测试场地：在平整的人工草坪或天然草足球场、运动场划定 12 m×5 m 的区域，在起点线前每间隔 2.5 m 处放置 1 个雪糕筒或标志杆，共 4 个雪糕筒或标志杆。

动作要领：运球时，脚尖稍翘起，用脚内侧向身体一侧推拨球的后中部，把握好触球的部位，改变球的运行方向，运球时身体重心始终在支撑脚上，注意身体重心的转换。

测试方法：学生踩球在起始线准备，听到测评员开始口令后，进行左右脚交替脚内侧运球，依次绕过雪糕筒或标志杆回到起点线重新开始，测评员记录学生 1 分钟内的绕杆个数。

注意事项：球失去控制时需回到失控地点重新开始，测评时间不超过 1 分钟。

评分方法：测评员计时，球动开始计时，球踩到起点线计时停止。测评员根据统计学生 1 分钟内来回起始线与第四个标志杆之间，控球绕过的标志杆个数进行评分，对照评分标准给予相应成绩。每人连续测试 2 次，取最好的成绩，满分 20 分。

（3）踢准。

测试场地：在平整的人工草坪或天然草足球场、运动场划定 20 m×6 m 的区域。球门距起始线 10 m；射门区域为 3 m×2 m，距起始线 2 m；球门为 1.5 m×1 m，球门之间间隔 0.5 m。

动作要领：脚内侧踢地滚球，直线助跑，支撑脚踏在球的侧方，踢球脚脚尖上翘，脚跟前送；踢球腿后摆，踢球腿加速前摆，用脚内侧击球的后中部，随球前摆。特别注意脚触球的部位准确。

测试方法：听到测评员口令后，在起始线上运球，进入射门区内，用脚内侧地滚球的方式将球踢进距离射门区 10 m 处的 3 个球门内，每人 5 球。

注意事项：运用脚内侧踢地滚球技术射门，且运球在射门区射门，超过或未进射门区进球无效；测评时间不超过 2 分钟。

评分方法：测评员计分，踢进相应球门得不同的分，累计相加得出最后分数，满分 15 分。

（4）绕杆跑。

测试场地：在平整的人工草坪或天然草足球场、运动场划定 15 m×15 m 的区域。起点距第一个与最后一个标志杆 6 m，其余杆距 2 m，跑动时每一个杆必须绕到。

测试方法：听到测评员口令后，以站立式起跑姿势从起点线开始加速跑，依次绕过间隔 2 m，排列 11 个标志杆，回到起点结束。

注意事项：不得撞倒标志杆，撞倒一个加时 0.1 秒，依次累加，且漏杆成绩无效。

评分方法：测评员计时，对照评分标准给予相应成绩，测试 2 次，取最好的成绩，满分 25 分。

（5）小场地比赛。

比赛形式：五人制，用 4 号球，比赛时间为 15 分钟，比赛场地和竞赛规则参照国际足联最新审定的《五人制足球竞赛规则》。

比赛评分：3 名测评员对测试学生进行比赛评分，满分 30 分，以 3 名测评员的平均分作为该学生的最终比赛评分。

4. 四级测试内容

（1）绕杆运球。

测试场地：在平整的人工草坪或天然草足球场、运动场划定 25 m×5 m 的区域。起点距离第一个杆 4 m，其余杆间距 2 m，起点距离终点 20 m。

动作要领：脚内侧运球，运球时，脚尖稍翘起，用脚内侧向身体的一侧推拨球的后中部，把握好触球的部位，改变球的运行方向，运球时身体重心始终在支撑脚上，注意身体重心的转换。

测试方法：听测评员口令后，从起始线开始运球出发，依次绕过间距2m排列的8个标志杆，回到起点单脚踩球重复进行，测评员记录学生1分钟的绕杆个数。

注意事项：球失去控制时需回到失控地点重新开始；不得撞倒标志杆，撞倒标志杆或漏杆，此杆不计数。

评分方法：测评员依据学生1分钟的绕杆个数，对照评分标准给予相应成绩。每人测试2次，取最好的成绩。满分20分。

（2）折线运球。

测试场地：在平整的人工草坪或天然草足球场、运动场划定25m×5m的区域。起点距离终点为22m，标志杆分别置于宽4m、长8m的正方形的顶角之处。

测试方法：学生脚踩球在起始线准备，听到测评员口令后，从起始线开始运球，分别绕过标志杆外侧，运球踩在终点线上，重复开始折线运球，1分钟测试时间。

注意事项：球失去控制时需回到失控地点重新开始；运球启动开始计时，1分钟时间到时测评员喊停，并记录学生的绕杆个数。撞倒杆或者漏杆不计入绕杆个数。

评分方法：测评员记录绕杆个数，对照评分标准给予相应成绩。每人测试2次，取最好的成绩。满分20分。

（3）脚背正面射门。

测试场地：特制的足球画线墙（亦可用球门拉分格线代替），射门位置距离足球墙或球门16.8m。

动作要领：脚背正面踢球，直线助跑，支撑脚踏在球的外侧，膝关节微屈，大腿带动小腿快速前摆，击球时脚背绷直，用脚背正面击球，击球后随摆。

测试方法：听到测评员口令后，将球摆在罚球区线上的足球踢向球门，每人踢5个球。

注意事项：运用脚背正面踢球技术射门；测评时间不超过1分钟。

评分方法：测评员按球射中各区域的分值记录得分，如球打在两个或多个区域交界点上，记录较低分值。最后5个分值累加，满分15分。

（4）200m。

测试场地：在平整的人工草坪或天然草足球场、运动场划定200m×5m区域。

测试方法：学生站立式准备，听到测评员口令后，从起始线跑，奋力冲向终点线。

评分方法：测评员计时，对照评分标准给予相应成绩。满分15分。

（5）小场地比赛。

比赛形式：五人制，用4号球，比赛时间15分钟，比赛场地和竞赛规则参照校园小足球《五人制足球竞赛规则》。

比赛评分：3名测评员对测试学生进行比赛评分，满分30分，以3名评分员的平均分为该学生的最终比赛评分。

5. 五级测试内容

（1）脚背正面颠球。

测试场地：在平整的人工草坪或天然草足球场、运动场划定 5m×5m 的区域。

动作要领：身体放松，目视足球。脚向前上方摆动，踝关节触球时要绷紧，用脚背正面向上踢击球的下中部，使球向上运行，待球下落时再次击球。

测试方法：听到测评员喊口令开始，学生双手抱球胸前，抛球用左右脚脚背正面交替完成连续颠球动作。

注意事项：学生用身体其他有效部位（左右脚内侧、左右大腿正面、头部等）颠球，只作为调整过渡，不计入脚背正面颠球次数。球落地或颠出测试区域则停止计数。测试时间不超过 1 分钟。

评分方法：测评员记录学生用脚背正面次数，对照评分标准给予相应成绩，每人可测试 2 次，取最好的成绩。满分 15 分。

（2）脚内侧踢空中球。

测试场地：在平整的人工草坪或天然草足球场、运动场划定 5m×5m 的区域。

动作要领：身体正对来球，支撑脚膝关节微屈，踢球腿大腿抬起，小腿后拖，脚内侧正对出球方向，利用小腿极速前摆击球，脚尖稍翘起，脚底内侧部位击球的后中部，踢球腿随球前摆落地。

测试方法：测试员与学生间隔 3m 相对站立，测试员将球抛给学生，每人 5 个球。

注意事项：运用脚内侧踢空中球；测评时间不超过 1 分钟。

评分方法：测评员按学生踢中球的个数计分，运用脚内侧技术踢中球的得 3 分，非脚内侧技术踢中得球的 1 分，没有踢中的不得分。最后 5 个分值累加，满分 15 分。

（3）折线运球。

测试场地：在平整的人工草坪或天然草足球场、运动场划定 15m×15m 的区域。起点距第一个与最后一个标志杆 8m，其余杆距 2m，运球时绕过每一根杆。

测试方法：学生单脚踩球在起始线准备，球动开始计时，回到起始线后重新开始运球绕杆，记录学生 90 秒钟绕的杆数。

注意事项：球失去控制时需回到失控地点重新开始；不得撞倒标志杆或漏杆，撞倒或漏掉一个在总成绩上减 1 分，依次累加。

评分方法：测评员计时，对照评分标准给予相应成绩。测试 2 次，取最好的成绩，满分 20 分。

（4）400m。

测试场地：平整的运动场 400m 跑道或 200m 跑道两圈。

测试方法：学生站立式准备，听到测评员的口令后，从起始线跑，奋力冲向终点线。

评分方法：测评员计时，对照评分标准给予相应成绩。满分 20 分。

（5）小场地比赛。

比赛形式：八人制，用4号球，比赛时间为15分钟，比赛场地和竞赛规则参照"校园小足球竞赛规则"。

比赛评分：3名测评员对测试学生进行比赛评分，满分30分，以3名评分员的平均分为该学生的最终比赛评分。

6. 六级测试方法

（1）折线运球。

测试场地：在平整的人工草坪或天然草足球场、运动场划定12 m×6 m的区域。起点与其他三个角上标志杆与相邻标志杆相距3 m，其余中间区域标志杆间隔2 m。

测试方法：学生单脚踩球在起始线准备，球动开始计时，按图中路线进行折线运球，回到起始线后重新开始运球绕杆，记录学生2分钟的绕杆数。

注意事项：球失去控制时需回到失控地点重新开始；不得撞倒标志杆或漏杆，撞倒或漏掉一个杆在总成绩上减1分，依次累加。

评分方法：测评员计时，对照评分标准给予相应成绩。测试2次，取最好的成绩，满分15分。

（2）脚背外侧踢球。

测试场地：在平整的人工草坪或天然草足球场、运动场划定15 m×5 m的区域。距离起始点10 m处，分别画0.5 m、1 m、1.5 m的同心圆。

测试方法：学生将球放在起始线上，测试员发出口令开始，学生将球踢向相距10 m的同心圆，每人5个球。

注意事项：运用脚背外侧踢球技术踢球，不得踢地滚球；测评时间不超过2分钟。

评分方法：测评员按学生踢球落点进行评分，球落在0.5 m的同心圆中（包括边线）得3分；球落在0.5 m的同心圆外、1 m的同心圆内（包括边线）得2分；球落在1 m的同心圆外、1.5 m的同心圆内（包括边线）得1分；球落点不在3个同心圆中不得分。最后5个分值累加，满分15分。

（3）运球绕杆射门。

测试场地：特制的足球画线墙（亦可用球门拉分格线代替），射门位置距离足球墙或球门为16.8 m，射门区域为3 m×2 m，距起始线4 m，且中间标志杆间距2 m。

测试方法：学生单脚踩球在起始线上准备，听到测评员的口令后，运球绕过标志杆，到达2 m×3 m的射门区域，将球踢向球门，每人踢5个球。

注意事项：测评时间不超过2分钟。

评分方法：测评员按球射中各区域的分值记录得分，如球在两个或多个区域交界点上，记录较高分值。最后5个分值累加，满分20分。

（4）50 m×8次往返跑。

测试场地：在平整的人工草坪或天然草足球场、运动场划定50 m×5 m的区域。

测试方法：学生站立式准备，听到测评员的口令后，从起始线跑，奋力在起点线与相距50米处往返8次，最后奋力冲向起始线（终点）。

评分方法：测评员计时，对照评分标准给予相应成绩。满分20分。

（5）小场地比赛。

比赛形式：八人制，用4号球，比赛时间为15分钟，比赛场地和竞赛规则参照"校园小足球竞赛规则"。

比赛评分：3名测评员对测试学生进行比赛评分，满分30分，以3名评分员的平均分为该学生的最终比赛评分。

第三部分
校园小足球竞赛规则和器材介绍及运用

第九章
校园小足球器材介绍及运用

一、标志盘

如图9-1所示。

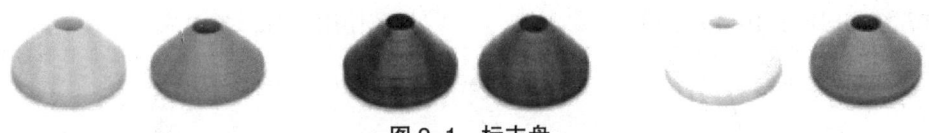

图9-1 标志盘

标志盘在以下技术中运用：

（1）运球技术：脚内侧、脚背外侧和脚背正面运球等。

（2）无球跑动技术：快速跑、冲刺跑、曲线跑、折线跑、侧身跑和后退跑等。

（3）抢截球技术：正面铲球、合理冲撞抢球、异侧脚铲球和侧后铲球等。

训练一："搬家具"	
主题要素：球感	适宜对象：水平一至水平三阶段的学生
推荐练习时间：10~15分钟	推荐使用环节：基本练习

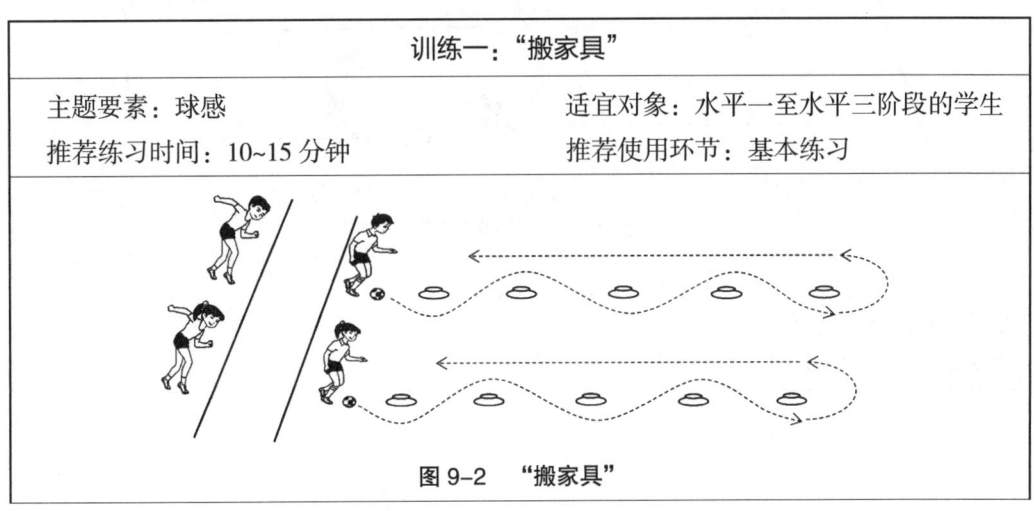

图9-2 "搬家具"

(续表)

练习器材：足球2~8个，标志盘12~16只，标志服8~12件 练习人数：8~12人 练习场地：10m×10m，15m×15m
目标：提高学生在快速往返中的控球能力
练习方法：如图9-2所示，以8人为例，将学生分为两组，每组4人。每组前方各放置6只标志盘，其中2只为固定位置，学生依次运球到标志盘后取1只标志盘回到起点，将标志盘放在起点的指定位置，然后下一名学生运球出发
练习要求： （1）提前观察和计划运球路线 （2）活动队员在控制好球的前提下加速运球，同时注意转身时人与球的位置

训练二："火线夺宝"

主题要素：热身游戏＋运球　　　　适宜对象：水平一至水平三阶段的学生

推荐练习时间：10~15分钟　　　　推荐使用环节：基本练习

图9-3　"火线夺宝"

练习器材：足球4~8个，标志盘5只，标志服8~16件
练习人数：10~16人
练习场地：10m×10m，15m×15m

（续表）

目标：提高学生在快速运球时控球的能力与灵活性
组织方法：如图9-3所示，以8人为例，将学生分为两组，每组4人，分别穿蓝色和黄色标志服，背面相对，分别站在规定区域两侧，场地中间放置5个足球和5只标志盘，足球放置于标志盘中间。教师发出信号后，双方学生转身快速跑向中线抢夺足球，并运球越过对方端线。当学生运球未抵达端线前，无球的学生可以进行抢截
练习要求： （1）快速跑动取得球权 （2）选择合理的运球技术 （3）在快速运球中学会变向、变速，以摆脱防守学生

训练三："争分夺秒"

主题要素：灵活性	适宜对象：水平一至水平三阶段的学生
推荐练习时间：10~15分钟	推荐使用环节：基本练习

图9-4 "争分夺秒"训练

练习器材：标志盘4只，标志服10~16件
练习人数：10~16人
练习场地：20m×20m，15m×15m

（续表）

目标：提高学生的灵敏性和跑的能力
组织方法：如图9-4所示，以8人为例，将学生分为两组，每组4人，分别穿蓝色和黄色标志服。教师发出信号后，两组的第一名学生，迅速跑向1号标志盘，然后后退跑向2号标志盘，最后冲向对面的终点位置
练习要求： （1）集中注意力，快速奔跑 （2）后退跑的时候，要注意观察，以免摔倒

二、六角训练球

六角训练球如图9-5所示。

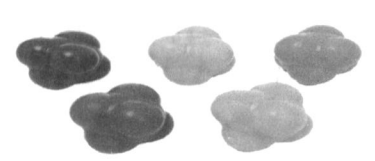 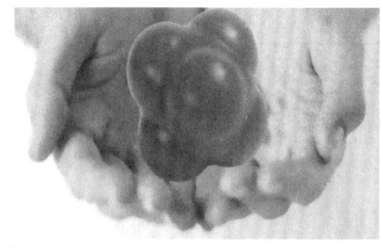

图9-5 六角训练球

六角训练球在以下技术中运用：

（1）守门员技术：准备姿势、移动、选位、扑接球、击球、掷球和踢球等。

（2）无球跑动技术：侧滑步、快速跑和冲刺跑等。

训练一："守门员训练"	
主题要素：反应灵敏训练	适宜对象：水平一至水平三阶段的学生
推荐练习时间：5~10分钟	推荐使用环节：基本练习

图9-6 "守门员训练"示意

(续表)

练习器材：六角训练球2~4个，标志服4~8件 练习人数：4~8人 练习场地：10m×10m，15m×15m
目标：提高学生的反应能力与脚步移动的速度 组织方法：如图9-6所示，以4人为例，将学生分为两组，每组2人，分别穿蓝色和黄色标志服，正面相对，一人负责扔六角训练球，另一人负责守门。教师发出信号后，一人将六角训练球扔向球门，另一个人负责接六角训练球 练习要求： （1）反应迅速，守住球门 （2）守门员选择合理的扑球技术 （3）在守门时要学会判断，灵活地移动步伐

训练二："一马当先"

主题要素：灵敏性训练　　　　　适宜对象：水平一至水平三阶段的学生

推荐练习时间：5~10分钟　　　　推荐使用环节：基本练习

图9-7　"一马当先"练习

练习器材：六角训练球2~4个，标志服6~12件，标志盘6~12只
练习人数：6~12人
练习场地：15m×15m，10m×10m

（续表）

目标：提高学生在快速反应能力与跑的能力
组织方法：如图9-7所示，以6人为例，将学生分为两组，每组3人，分别穿蓝色、紫色和黄色标志服，一人与另两人正面相对，一个学生负责扔六角训练球，另两名学生负责抢接六角训练球。教师发出信号后，一人将六角训练球扔向地面，另外两人抢接六角训练球，接到六角训练球的学生，迅速跑向标志盘并绕过它，然后跑回起点。没有接到六角训练球的学生迅速追赶有六角训练球的学生，当有球学生回到起点时，停止追赶
练习要求： （1）接球时反应要迅速 （2）跑动时要快速，没有球的学生要尽力追赶有球的学生 （3）当有球学生回到起点时停止追赶

三、标志杆

标志杆如图9-8所示。

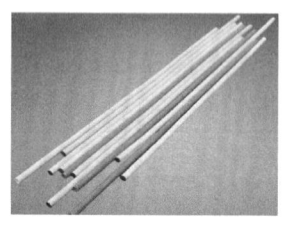  

图9-8　标志杆

标志杆可在以下技术中运用：

（1）无球技术：各种不同方式的跑、跳、移动以及其他各种无球的行动等。

（2）头顶球技术：前额正面和前额侧面顶球。

（3）传球技术：脚背正面、脚内侧和脚背外侧传球等。

（4）停球技术：脚内侧、脚底、脚背正面、脚背外侧、胸部、腹部和头部停球等。

训练一："翻山越岭"	
主题要素：腿部训练	适宜对象：水平一至水平三阶段的学生
推荐练习时间：5~10分钟	推荐使用环节：基本练习

（续表）

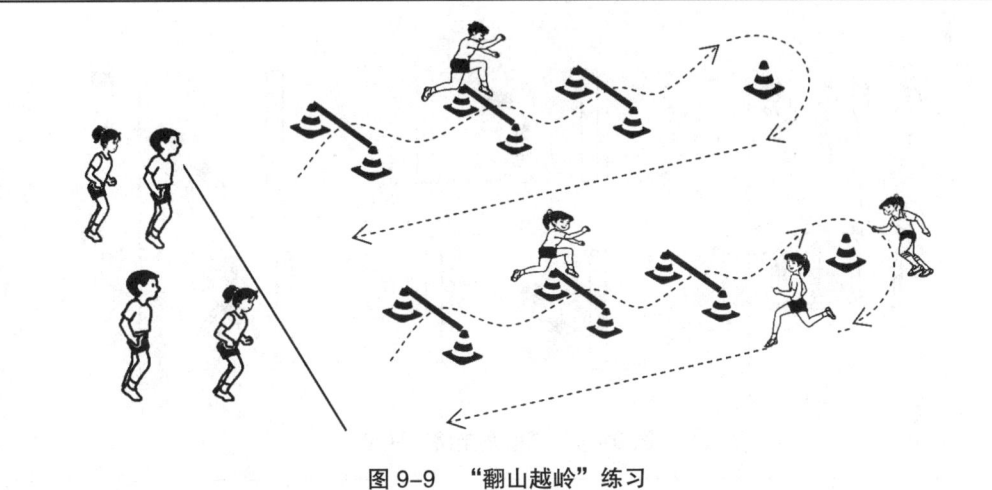

图 9-9 "翻山越岭"练习

练习器材：标志杆 6~8 根，标志桶 14~18 个，标志服 6~12 件，接力棒 2 条
练习人数：6~12 人
练习场地：10m×10m，15m×15m

目标：增强学生的腿部力量与跑的能力

组织方法：如图 9-9 所示，以 8 人为例，将学生分为两组，每组 4 人，分别穿蓝色和黄色标志服。教师发出信号后，每组的第一名学生手持接力棒，跑至障碍物时，以双脚跳跃的形式跃过障碍物，然后再绕过前面的标志桶，直线跑回至起点，将接力棒交给下一名学生

练习要求：
（1）快速弹跳越过障碍物
（2）跑动时要迅速，注意起跳位置与落地时的缓冲
（3）在通过障碍物时，不可碰倒障碍物；如果碰倒了障碍物，应将障碍物摆放回原位

训练二："螃蟹走路"	
主题要素：步伐练习	适宜对象：水平一至水平三阶段的学生
推荐练习时间：5~10 分钟	推荐使用环节：基本练习

（续表）

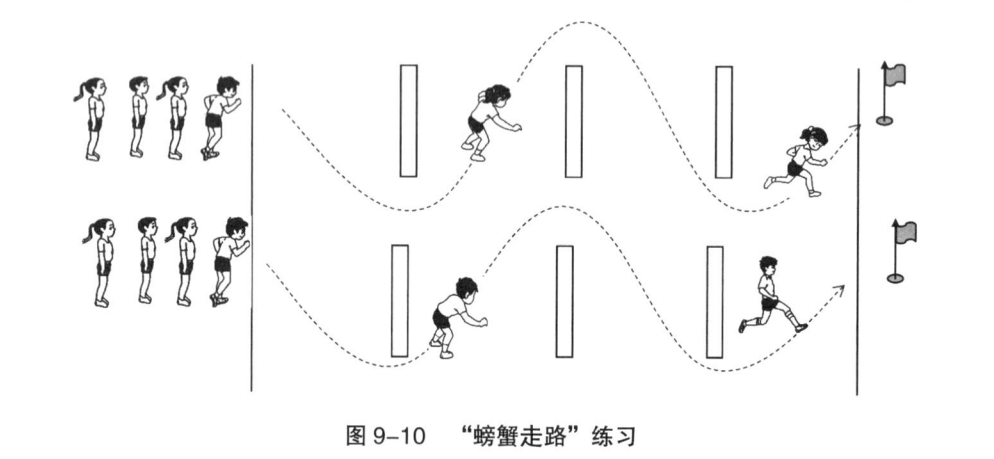

图9-10 "螃蟹走路"练习

练习器材：标志杆6~8根，标志服8~16件，标志桶2个
练习人数：8~16人
练习场地：10m×10m，15m×15m

目标：增强学生侧滑步的速度与跑的能力

组织方法：如图9-10所示，以8人为例，将学生分为两组，每组4人，分别穿蓝色和黄色标志服。老师发出信号后，每组的第一名学生跑至障碍物（标志杆）时，脚步侧滑步经过障碍物，率先将标志桶推倒者获胜

练习要求：
（1）运用侧滑步快速通过障碍物
（2）侧滑步移动时要迅速，尽量降低重心
（3）移动过程中要控制步频与步幅，防止摔倒

训练三："沙滩排球"	
主题要素：传接球练习＋球性	适宜对象：水平一至水平三阶段的学生
推荐练习时间：5~10分钟	推荐使用环节：基本练习

（续表）

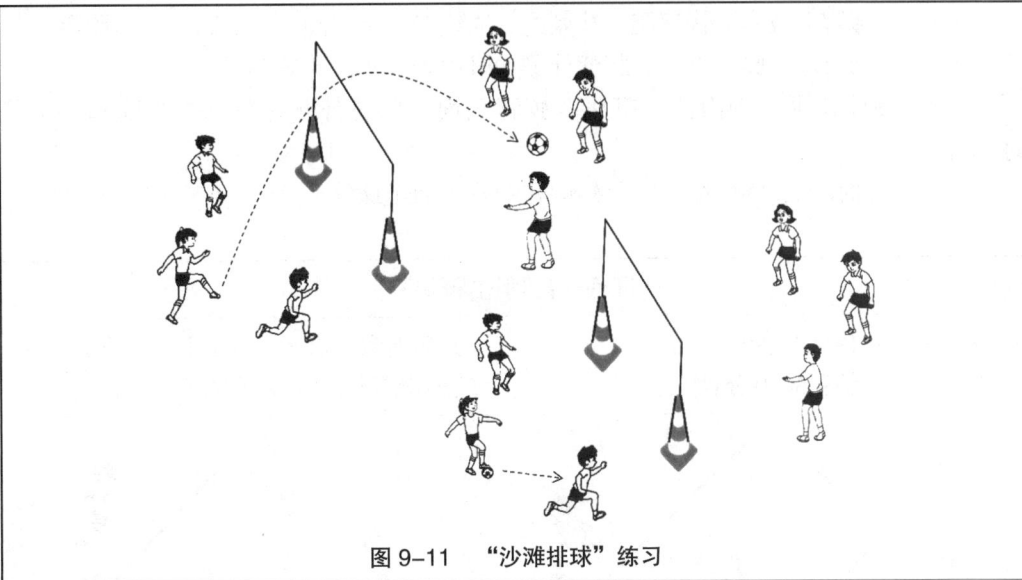

图 9-11　"沙滩排球"练习

练习器材：标志杆 6~12 根，标志服 12~24 件，标志桶 4~8 个
练习人数：12~24 人
练习场地：10m×10m，15m×15m

目标：提高学生的传接球能力，初步培养学生的合作意识

组织方法：如图 9-11 所示，以 12 人为例，将学生分为 4 组，每组 3 人，分别穿蓝色和黄色标志服。教师发出信号后，每组的 1 号开始用脚轻轻地把球颠起，越过小球架，然后由对面的 1 号接球，1 号接完球，由 2 号把球颠过去，由此进行轮换。自由选择颠球、接球技术

练习要求：
（1）队友之间要相互配合
（2）尝试多种颠球和转接球技术
（3）足球必须从小球架上通过，如从小球架下方、侧面通过无效

四、标志桶

标志桶如图 9-12 所示。

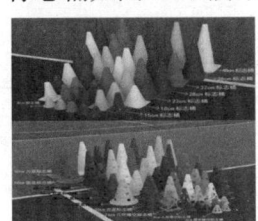  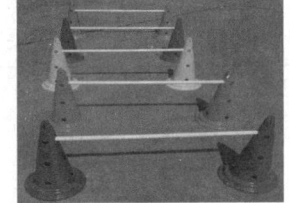

图 9-12　标志桶

标志桶在以下技术中运用：

（1）无球跑动技术：快速跑、冲刺跑、曲线跑、折线跑、侧身跑和后退跑等。

（2）传球技术：脚背正面、脚背外侧、脚内侧和脚尖传球等。

（3）停球技术：脚内侧、脚底、脚背正面、脚背外侧、胸部、大腿和头部停球等。

（4）运球技术：脚内侧、脚背外侧和脚背正面运球等。

训练一："狙击狩猎"	
主题要素：传球的准确性 推荐练习时间：5~10分钟	适宜对象：水平一至水平三阶段的学生 推荐使用环节：基本练习
 图9-13 "狙击狩猎"训练	
练习器材：标志桶6~12个，标志服4~8件 练习人数：4~8人 练习场地：15m×15m，10m×10m	
目标：增强学生传球的准确性和控球能力	
组织方法：如图9-13所示，以4人为例，将学生分为两组，每组2人，相对而站，分别穿蓝色和黄色标志服。教师发出信号后，每组的学生向对面传球，击倒标志桶，传球击倒标志桶的同学，将标志桶摆放回原位。另一个学生捡球，以便下次传球	
练习要求： （1）移动过程中要注意观察，控制球的方向与触球时的力度 （2）反应要迅速，注意来球方向 （3）击倒标志桶后，摆放要迅速	

训练二:"运控球"

主题要素:控球	适宜对象:水平一至水平三阶段的学生
推荐练习时间:10~15分钟	推荐使用环节:基本练习

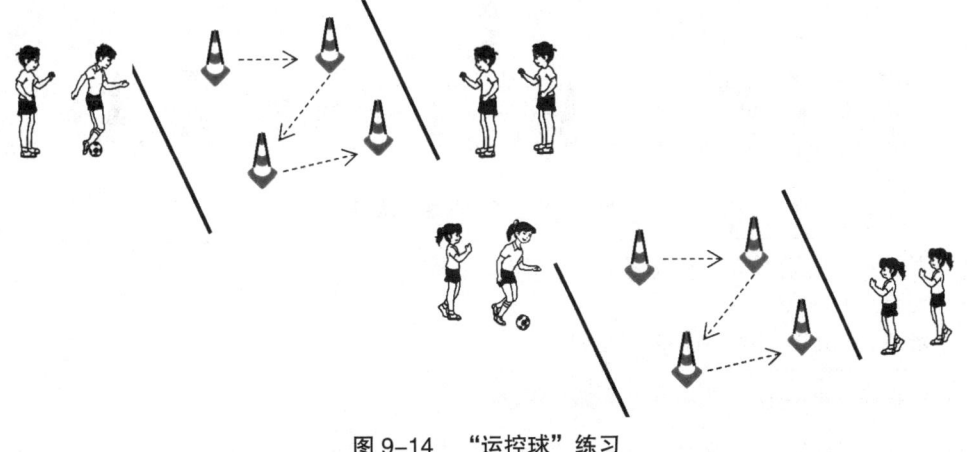

图9-14 "运控球"练习

练习器材:标志桶8~12个,标志服10~16件
练习人数:10~16人
练习场地:10m×10m,15m×15m

目标:提高学生的运球能力与运球时的控球能力

组织方法:如图9-14所示,以16人为例,将学生分为两组,每组8人,分别穿蓝色和黄色标志服,在每个区域的A标志桶和D标志桶各站4人。老师发出信号后,在A标志桶的学生向B、C、D方向开始运球,在变向的时候以脚外侧变向

练习要求:
(1)采用各种运球方式
(2)在运球的时候,注意人与球的距离
(3)注意抬头观察,掌握变向时机

训练三:"折返跑"

主题要素:身体素质	适宜对象:水平一至水平三阶段的学生
推荐练习时间:10~15分钟	推荐使用环节:基本练习

（续表）

图9-15 "折返跑"练习

练习器材：标志桶8只，标志服8~12件
练习人数：10~12人
练习场地：15m×15m，10m×10m

目标：提高学生快速启动的能力和跑的能力

组织方法：如图9-15所示，以8人为例，将学生分为两组，每组4人，分别穿蓝色和黄色标志服。教师发出信号后，每组第一名的学生，从A标志桶出发，快速跑到B标志桶，用手碰到B标志桶后，返回碰A标志桶，再依次碰C标志桶、D标志桶。当前面的学生完全完成任务后，下一个学生方可出发

练习要求：
（1）启动要快速，灵活地调整频率和速度
（2）掌握变向转身的动作
（3）注意变向的时机

五、体能环

体能环如图9-16所示。

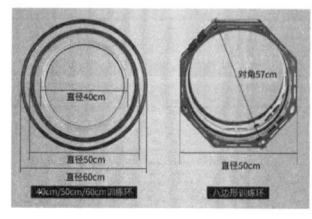  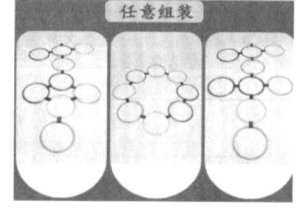

图9-16 体能环

体能环在以下技术中运用：
（1）运球技术：脚背外侧、脚背正面和脚内侧运球等。
（2）停球技术：脚内侧、脚底、脚背正面和脚背外侧停球等。

训练一:"占领空地"

主题要素:控球	适宜对象:水平一至水平三阶段的学生
推荐练习时间:10~15 分钟	推荐使用环节:基本练习

图 9-17 "占领空地"练习

练习器材:体能环 15~21 个,标志服 6~10 件,足球 6~10 个
练习人数:6~12 人
练习场地:10m×10m,15m×15m

目标:提高学生的运球能力与运球中的控球能力

组织方法:如图 9-17 所示,以 6 人为例,学生持球,在区域内用不同方式运控球。学生听信号将球运到指定地点。例如:教师发出指令是红色,学生必须将球运到红色体能圈,没有将球运到红色体能圈的学生,原地踩球 10 次。在运球的过程中,不能触碰体能圈

练习要求:
(1)要集中注意力,抬头观察,听清指令
(2)采用各种运球方式
(3)在运球和控球的时候,注意人与球的距离

训练二:"穿针引线"

主题要素:控球+球感	适宜对象:水平一至水平三阶段的学生
推荐练习时间:10~15 分钟	推荐使用环节:基本练习

（续表）

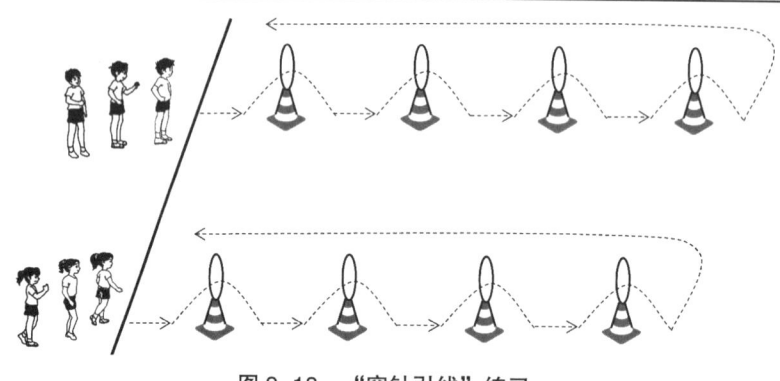

图9-18 "穿针引线"练习

练习器材：体能环6~9个，标志服6~10件，足球2~4个
练习人数：6~10人
练习场地：10m×10m，15m×15m

目标：提高学生的运球和控球能力

组织方法：如图9-18所示，以8人为例，将学生分成两组，每组4人。教师发出信号后，每组第一名的学生运球，遇到障碍的时候，用双脚夹球，将球穿过体能圈，然后运球回到起点，依次进行

练习要求：
（1）采用各种运球方式
（2）在运球和控球的同时，注意人与体能圈的距离
（3）注意抬头观察，夹球的时候，保持脚踝的稳定性

六、足球颠球带

足球颠球带如图9-19所示。

图9-19 足球颠球带

足球颠球带在以下技术中运用：
（1）颠球：脚背、脚内侧和腿颠球。
（2）运球技术：脚内侧、脚背外侧、脚背正面和脚内侧运球等。

训练一："脚内侧踢球"	
主题要素：稳定脚型	适宜对象：水平一至水平三阶段的学生
推荐练习时间：10~15 分钟	推荐使用环节：基本练习

图 9-20 "脚内侧踢球"练习

练习器材：足球颠球带 6~10 条
练习人数：6~10 人
练习场地：10m×10m，15m×15m

目标：提高学生的颠球与运球动作的稳定性

组织方法：如图 9-20 所示，以个人为例，将颠球带的绳子绑在腰间，然后将足球放进颠球袋中，置于地面。听指令，以脚内侧（或脚背外侧、脚内侧、脚背正面）的方式向前运球

练习要求：
（1）采用各种运球方式
（2）在运球时，注意保持人与球的距离
（3）注意观察，注意各种运球动作的准确性

七、小跨栏架

小跨栏架如图 9-21 所示。

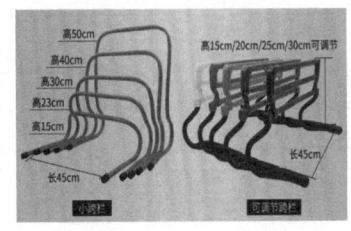 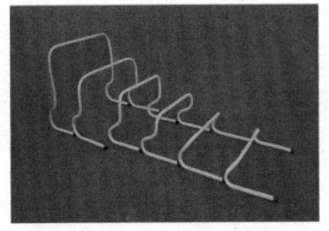 

图 9-21 小跨栏架

小跨栏架在以下技术中运用：

（1）无球技术跑动：各种不结合球的跑、跳、移动以及其他各种无球的行动。

（2）结合球技术（传球）：脚背正面、脚内侧、脚背外侧、脚内侧和脚尖。

训练一："全能战士"	
主题要素：协调性 + 灵敏性 推荐练习时间：15~20 分钟	适宜对象：水平一至水平三阶段的学生 推荐使用环节：基本练习

图9-22　"全能战士"练习

练习器材：足球 2~8 个，标志服 6~12 件，标志盘 8 只，栏架 10 个

练习人数：6~12 人

练习场地：15m×25m，20m×30m

目标：提高学生的传接球能力

组织方法：如图9-22所示，场地分2块，人员分2组同时进行。学生A以不同的方式跳过栏架到方形区域。学生B将球停好后跑到栏架后方，A跑向B的位置，循环进行

练习要求：

（1）集中注意力

（2）把握好传球的时机

（3）采用各种停球方式，停球之后位置交换要迅速

训练一："双剑合璧"	
主题要素：传球练习 + 身体素质 推荐练习时间：15~20 分钟	适宜对象：水平一至水平三阶段的学生 推荐使用环节：基本练习

（续表）

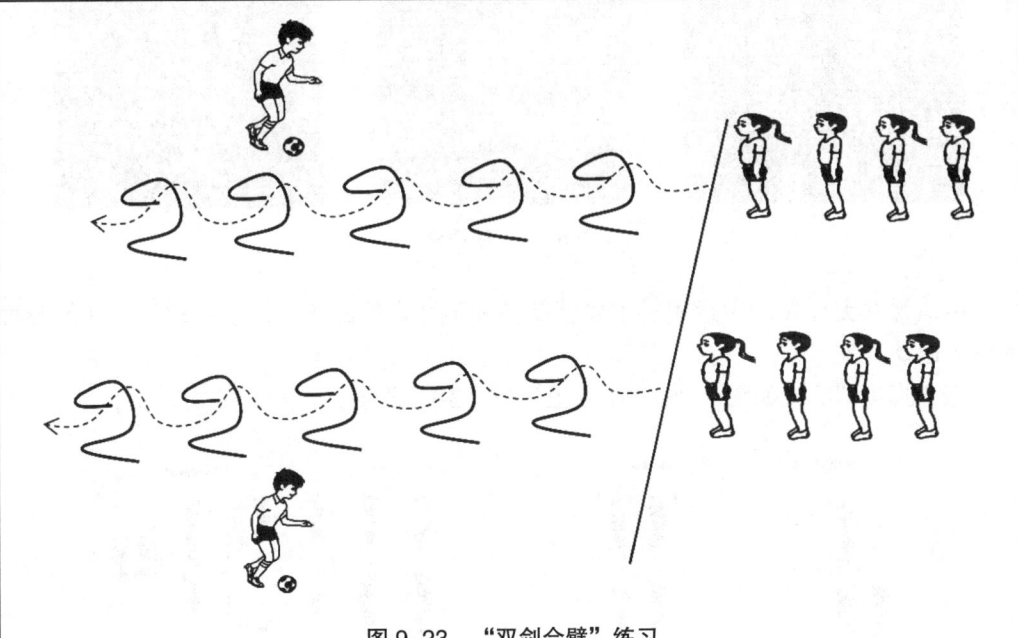

图 9-23 "双剑合璧"练习

练习器材：足球 2~4 个，标志服 4~8 件，栏架 10 个
练习人数：4~8 人
练习场地：15 m×25 m，20 m×30 m

目标：提高学生的传球准确性与步伐的灵活性

组织方法：如图 9-23 所示，场地分 2 块，人员分 2 组同时进行。学生 A 以双脚的方式跳过栏架，每过一个栏架，学生 B 传球给学生 A，学生 A 再回传给学生 B。学生 A 跳完全部栏架以后，学生 A 与学生 B 的位置交换，循环进行

练习要求：
（1）集中注意力
（2）把握好传球的时机
（3）采用各种停球方式，停球之后位置交换要迅速

八、敏捷梯

敏捷梯如图 9-24 所示。

图 9-24 敏捷梯

敏捷梯在无球技术中运用,主要辅助各种不结合球的跑、跳、移动以及其他各种无球的运动。

综合脚步训练,如图 9-25(1)~图 9-25(10)所示:

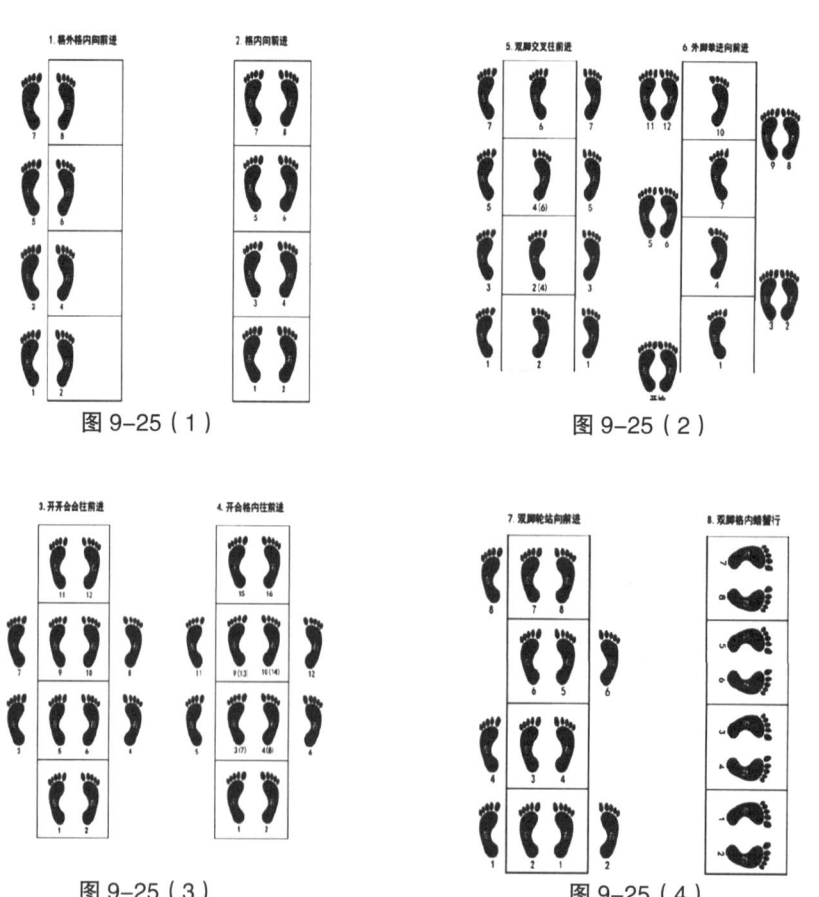

图 9-25(1)   图 9-25(2)

图 9-25(3)   图 9-25(4)

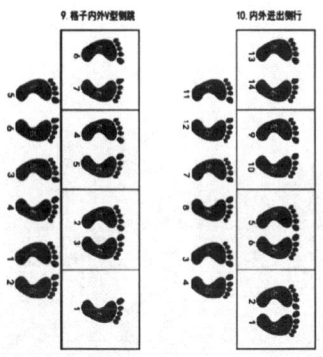

图 9-25（5）

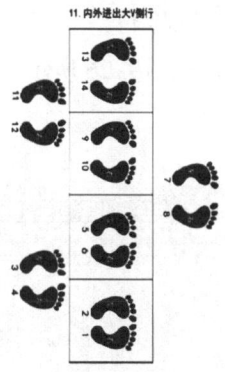

图 9-25（6）

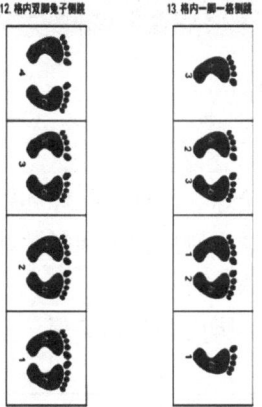

图 9-25（7）

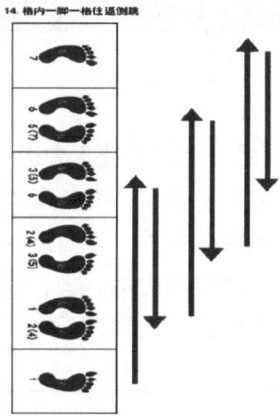

图 9-25（8）

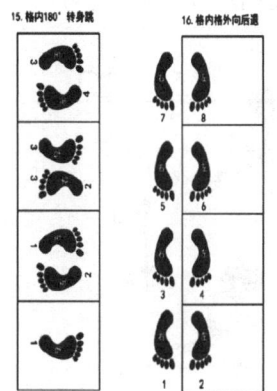

图 9-25（9）

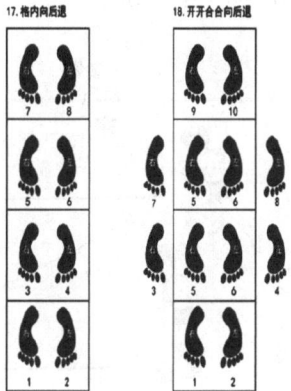

图 9-25（10）

九、足球训练杆

足球训练杆如图 9-26 所示。

图 9-26　足球训练杆

足球训练杆在以下技术中运用：

（1）守门员技术：准备姿势、移动、选位、扑接球、击球、托球和踢球等。

（2）抢截球技术：正面抢截球、合理冲撞抢截球、侧后铲球和断截球等。

（3）无球技术的跑、跳、移动以及其他各种无球的行动。

（4）传球技术：脚背正面、脚内侧、脚背外侧、脚内侧和脚尖等。

训练一："金蝉脱壳"	
主题要素：接控球 + 守门员	适宜对象：水平一至水平三阶段的学生
推荐练习时间：15~20 分钟	推荐使用环节：基本练习

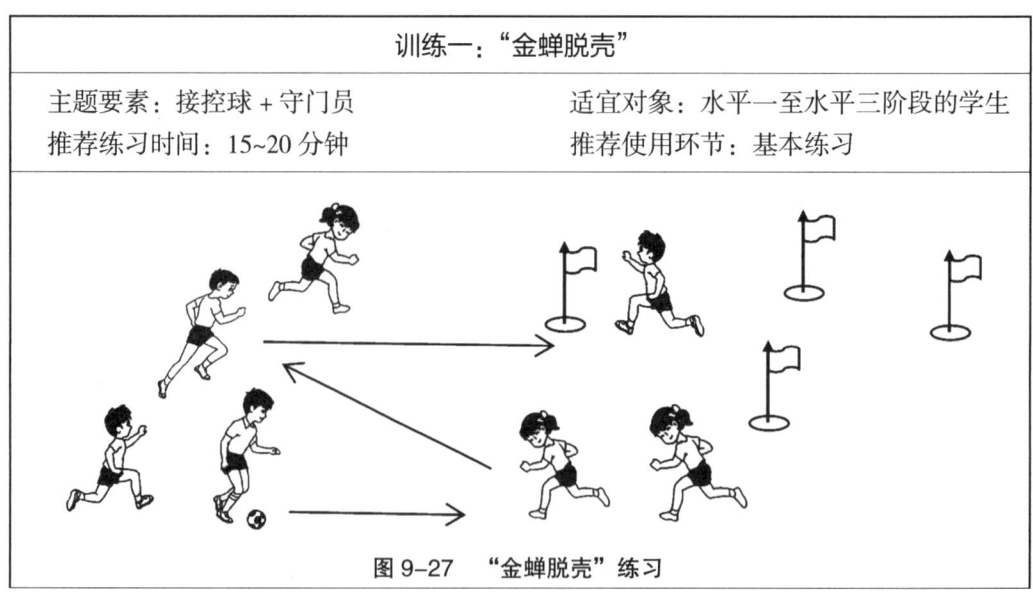

图 9-27　"金蝉脱壳"练习

（续表）

练习器材：足球1~7个，标志服6~12件，标志杆3根 练习人数：7~11人 练习场地：15m×15m，20m×20m
目标：提高学生接控球和射门的能力，提高守门员的反应能力
组织方法：如图9-27所示，以7人为例，分为两组，每组3人，分别穿蓝色和红色标志服，守门员穿黄色标志服。指定一方控球，通过配合寻找三面攻门机会，另一方为防守方。攻门成功则继续为控球方；如攻门失败或球被抢截，则为防守方，另一方为控球方。当守门员接到球时，将球传给防守方，防守方必须将球传给另一名队友以后，才能射门
练习要求： （1）学生之间要积极交流、沟通、相互配合 （2）鼓励学生积极传球和射门

训练一："蛇形绕杆"

主题要素：运控球+守门员 推荐练习时间：15~20分钟	适宜对象：水平一至水平三阶段的学生 推荐使用环节：基本练习

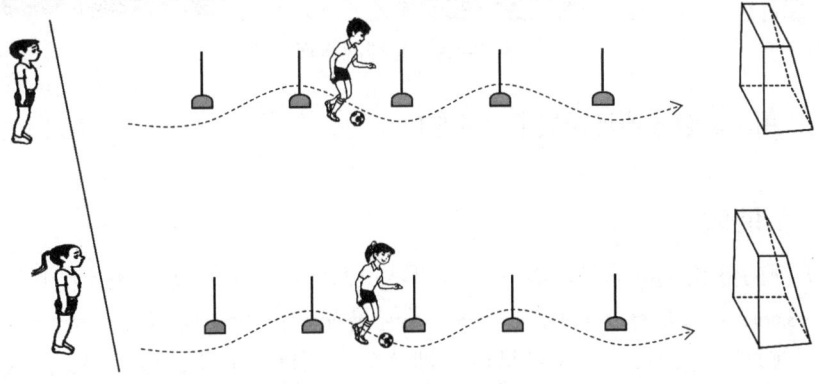

图9-28 "蛇形绕杆"练习

练习器材：足球6~12个，标志服6~12件，标志杆10根
练习人数：6~12人
练习场地：15m×15m，20m×20m

（续表）

目标：提高学生运球与运球中的控球能力

组织方法：如图9-28所示，以8人为例，将学生分为两组，每组4人，分别穿蓝色和红色标志服，每组第一名学生开始向前运球，用脚内侧"S"形绕过标志杆，后射门。射门后的学生则当守门员，守门员回到队伍后面

练习要求：

（1）运控球的时候，要注意身体与球的距离

（2）通过障碍物时，要注意人与障碍物之间的距离

（3）注意控制好球

十、足球战术板

足球战术板如图9-29所示。

图9-29　足球战术板

用途：用于讲解各种足球战术以及跑位。

十一、足球

（1）球的分类：足球是由20块六边形和12块五边形组成。根据大小分为3号足球：直径18cm；4号足球：直径约20cm；5号足球：直径约21.5cm。

（2）按球的直径规定，3号足球：训练学习用球；4号足球：踢5人或7人场专用球；5号足球：正规11人场比赛用球，是标准足球。

（3）国际足联的规则规定：比赛用球为圆形，圆周是68~71cm，球的重量是396~453g，充气后其压力应相等于0.6~1.1个大气压，即相等于600~1100g/cm。足球是由皮革或其他许可的材料制成，不得使用有害于运动员的材料。在比赛进行中，未经裁判员许可，不得更换比赛用球。

附录：

校园小足球竞赛规则（仅供参考）

第1章 比赛场地

长度及宽度

球场应为长方形。边线的长度必定大于球门线的长度。

长度：最短25m，最长42m。

宽度：最短15m，最长25m。

场地标记

比赛场地是用线来标明，这些线作为场地内各个区域的边线应该包含在各个区域之内。

两侧较长的界线是边线。两端较短的界线是球门线。

所有的界线宽度8cm。球场中线划分球场为两个半场。

球场中央点应标示在中线的正中央。以中央点为圆心，3m为半径，画一圆圈是中圈。

罚球区

在球场两端依照下列规定各画一罚球区：

以两球门柱为圆心，6m为半径，向场内各画一个1/4圆弧。圆弧由球门线画至从球门柱外侧与球门线垂直的假想线。

两圆弧的上端画一条平行于球门线的3.16m连接线。

两圆弧与连接线及球门线围绕的区域是罚球区。

罚球点

从两球门柱之间的中点，垂直于球门向场内量6m设置一个罚球点，该罚球点在罚球区的线上。

第二罚球点

从两球门柱之间的中点，垂直于球门向场内量 10 m 设置一个罚球点，为第二罚球点。

角球弧

以球场四角为圆心，25 cm 为半径，在球场四角内各画一个 1/4 圆弧线。

换人区

换人区与球队座位在球场相同的一边。换人区在替补席的前边。球员替换时应从换人区进入及离开球场。

换人区的位置在各球队座位的正前方，长度 5 m。

两侧各画一线与边线垂直，宽度 8 cm，长度 80 cm，40 cm 在球场内，40 cm 在球场外。

两个换人区至中线与边线的交叉点的距离是 5 m。两换人区之间的空间，在计时员桌子的正前方，应保持空旷，以便计时员观察场上的情况。

球门

球门应设在球门线的中央。

球门由两根直立门柱，上架一根水平横梁组成。两根门柱与球场两角的距离相等。两根球门柱（从门柱内缘丈量）距离 3 m，从球门横梁下缘至地面距离 2 m，两根门柱及横梁的宽度与厚度同为 8 cm。球门网用大麻、黄麻或尼龙绳编成。球门网挂在球门后方，连接于门柱和横梁。球门网的下缘应用弯曲铁棒或其他方法支撑固定。球门的深度，从球门柱内缘向球场外侧延伸，上方至少 80 cm，地面至少 100 cm。

安全性

球门可以是移动的。但是在比赛时，球门必须安全牢固地固定在地面上。

球场表面

球场表面必须平坦平直，不能有坑洞。一般都用木材或合成物质制成，应避免用混凝土或柏油材料。

第 2 章　球

材料及标准

球是圆形的。

以皮革或其他合适的材料制成。

球体的圆周，不得超过 64 cm，不得少于 62 cm。

球的重量，在比赛开始时，不得超过 440 g，不得少于 400 g。

球的气压，在海平面为 0.4~0.6 个大气压。

更换不合标准的球

如果在比赛中，球破裂或损坏，停止比赛。

更换标准的球，在球破裂的地点，坠球重新开始比赛。

如果不是在比赛中，如中场开球、掷球门球、角球、任意球、罚球点球或踢界外球时，球破裂或不合标准，依照规则重新开始比赛。

比赛时间内，未经过裁判同意，不可更换比赛用球。

第3章 球员人数

球员

一场比赛应由两队参加，每队上场球员不可多于5人，其中必须有1人是守门员。

替换球员程序

替补球员至多以7人为限。

在比赛时，替换球员的次数没有限制。一名已经替换出场的球员，可以再进场替换另一名球员。当球在比赛中或在死球时都可以替换球员。替换球员的规定如下：

球员离开球场，必须由自己球队的换人区离开。

球员进入球场，也须由自己球队的换人区进入，但是应等到离场球员完全越过边线时，才可进场。

换人球员无论是否上场比赛，都应服从裁判的判决及管辖。

当换人球员进入球场时，即完成替换。此时，换人球员成为比赛球员，被换人球员即失去比赛球员身份。

守门员可以和任何其他球员交换位置。

违规 / 判罚

当替换球员时，如果换人球员在被换人球员尚未离开球场前，即先进入球场：

（1）停止比赛；

（2）指示被换人球员离开球场；

（3）警告换人球员并举黄牌。

由对方球员在比赛停止时球所在的地点，踢间接任意球重新开始比赛。如果球在罚球区内，踢间接任意球的地点应在罚球区线上，最接近比赛停止时球的位置的地点。

当替换球员时，换人球员进入球场或被换人球员离开球场未经由换人区：

（1）停止比赛；

（2）警告违规球员并举黄牌。

由对方球员在比赛停止时球所在的地点，踢间接任意球重新开始比赛。如果球在罚球区内，踢间接任意球的地点应在罚球区线上，最接近比赛停止时球的位置的地点。

第4章 球员装备

安全性

球员不得穿戴对自己或其他球员有危险的装备或任何物品，包括珠宝饰物。

基本装备

球员必要的基本装备包括：

（1）运动衫或球衫。

（2）短裤——如果在短裤里面穿紧身裤，紧身裤的颜色要与短裤的主要颜色相同。

（3）长袜。

（4）护腿板。

（5）球鞋——脚上穿的装备只允许用帆布或软性皮革制的训练或运动用的鞋子，鞋底为橡胶或类似的材料制成。球员必须穿球鞋上场比赛。

（6）运动衣或球衫；所有球衣的背面应有号码。号码由1~15号。号码的颜色应与球衣的颜色明显不同。国际比赛，短裤的正面也要有号码，字体较小。

（7）护腿板；全部覆盖在长袜内，用合适的材料制成（橡胶、塑料或类似材料），具有相当程度的保护作用。

守门员可以穿长裤，每一名守门员球衣的颜色，要与其他球员及裁判服装的颜色不同。如果一球员替换守门员并换穿守门员的球衣，球衣背后必须注明该球员的号码。

违规/判罚

凡是违反本章规则：

裁判应指示违反规则的球员离开球场调整装备或穿戴缺少的装备。该球员应先向裁判报告，并经裁判检查装备已经符合规则，才可再进场。只有当球不在比赛中时，才可允许球员进场。

第5章 裁判员

判决的权利

每一场比赛由一位裁判控管全场。从裁判进入球场所在地开始，直到离开为止，裁判对于被指派的比赛，有资格全权执行规则。

权力及职责

执行规则：

当一个队被犯规而根据有利条件获利时，则允许比赛继续进行，如果有利的条件没有发生，则判罚最初的犯规。

记录比赛事件，向有关单位提出比赛报告。报告内容包括对球员或球队职员采取处罚行动的指控，以及在比赛前、比赛中或比赛后发生的任何其他事件。

未指派计时员时，兼任比赛计时员的职务。

由于违反规则的任何事情，或由于场外的任何干扰，停止、暂停或结束比赛。

球员有被警告及判罚离场的犯规时，应予以警告或者罚出场地。

确定没有未经允许的人进入球场。

认为球员严重受伤时，停止比赛，将受伤球员抬出球场处理。

认为球员只是轻微受伤时，继续比赛，直到球员不在比赛中，才去处理。

认定比赛用球符合第二章的规定。

裁判的判决

裁判对于比赛事实的判决即最后决定。

第6章 比赛时间

比赛时间

比赛为两个时间相等的半场，上、下半场各为20分钟。

比赛计时由计时员执行。计时员要按照第七章的规则来执行。

上、下半场的比赛时间，可延长至踢完罚球点球。

暂停

比赛球队有权要求1分钟暂停，上下半场各一次。

暂停应依照下列规定执行：

只有球队教练有权向计时员要求1分钟暂停。

可在任何时间要求暂停，但是，只有当本方球队控球时才给予执行暂停。

当死球时，计时员用哨音或其他与裁判不同的声音信号，表示许可暂停。

暂停时，双方球员必须留在球场内。在靠近替补席的边线处听取教练员的指示，教练员不能进入场地做指示。

球队在上半场未要求暂停，下半场也只可要求一次暂停。

中场休息时间。

中场休息时间不得超过15分钟。

第7章 开始比赛及重新开始比赛

预备

掷币决定球队选边。掷币得胜的一队，决定上半场攻哪一个球门，另一队中场开球比赛。

猜掷币得胜的一队，在下半场开始时中场开球。

下半场比赛时，交换场地。

开球

开球是开始比赛或重新开始比赛的一种方法：

在比赛开始时；

在进球之后；

下半场开始时；

如果有加时赛，就在加时比赛的上下半场开始时；

开球可以直截进球得分。

程序

全部球员都在已方的半场内。

开球球队的对方球员，在球进入比赛之前，都必须距离球至少3m。

球静止在球场的中央点上。

裁判发出信号。

当球向前踢动时，比赛即为进行。

在球触及其他球员之前，开球球员不可第二次触球。

当一队进球之后，由另一队中场发球。

违规/判罚

如果开球球员在球触及其他球员之前第二次触球：

由对方球队在违规发生地点踢一间接任意球。如果是在对方罚球区内犯规，踢间接任意球的地点就应在罚球区线上，最接近违规发生位置的地点。

对中场开球程序的其他违规：

重新开球。

坠球

当球在比赛中，球还未越出边线或球门线，由于规则中未规定的任何原因，除非立即停止比赛，否则不能处理意外事件，在必要的暂停之后，以坠球的方式重新开始比赛。

程序

裁判在比赛停止时球所在的位置坠球，如果比赛停止时球的位置是在罚球区内，则坠球的地点是在罚球区线上，最接近比赛停止时球的位置的地点。

当坠球触地，比赛即重新开始。

违规/判罚

发生以下情况，则重新坠球：

在球触地之前，有球员触球。

在球触地之后，没有球员触球，球即弹出场。

第8章　比赛进行及死球

比赛成死球

下列情形为比赛成死球：

无论在地面或空中，当整个球体全部越出球门线或边线。

裁判已经停止比赛。

球击中天花板。

比赛进行

其他所有期间，比赛都视为在进行中，包括下列情形：

球从球门柱或横梁弹回球场内；

球击中球场内裁判或者第二裁判弹回球场内。

第9章　计胜方法

进球得分

除了规则另有规定外，当整个球体越过两球门柱之间及横梁下的球门线，而不是被攻方球员包括守门员，用手掷入、带入或故意用手或臂推入，则算进球。

胜队

在比赛时间内，进球数较多的一队为胜队。如果两队的进球数相等，或者两队都未进球，比赛为平局。

竞赛规程

对于比赛为平局，比赛的竞赛规程可规定决定比赛胜队的方法，包括加时比赛或其他方法。

第10章　犯规及不正当行为

犯规及不正当行为的判罚如下：

直接任意球

裁判认为球员的动作拙劣、鲁莽或使用暴力，而有以下6种犯规之一，应判由对方罚一直接任意球：

踢或企图踢对方球员；

绊倒或企图绊倒对方球员；

跳向对方球员；

冲撞对方球员，即使是用肩膀也不允许；

殴打或企图殴打对方球员。

推对方球员。

球员有以下4种犯规任何一种，也应判由对方罚一直接任意球：

拉扯对方球员；

向对方球员吐口水；

向正在踢球或意图踢球的对方球员铲球。守门员在己方罚球区内铲球不算犯规，除非动作拙劣、鲁莽或使用暴力；

故意用手触球。守门员在己方罚球区内用手触球不算犯规；

直接任意球在犯规地点踢出。

上述各种犯规都列入累计犯规。

罚球点球

当球在比赛中，一球员在己方的罚球区内有前述10种犯规之一，不论当时球在何处，都应判罚球点球。

间接任意球

如果守门员有以下各种犯规之一，应判由对方罚一间接任意球：

将球传出后，球未越过中线，或未经对方球员踢球、触球，守门员获得同队球员的传球。

同队球员故意将球踢向守门员，守门员用手触球或控球。

同队球员踢球界外球入场，球直接踢向守门员，守门员用手触球或控球。

守门员在球场的任何位置，用手或脚触球或控球，时间超过4秒。但是，在对方的半场触球或控球则不受时间限制。

裁判认为球员有以下犯规之一，应判由对方在犯规发生地点，罚一间接任意球：

动作有危险性；

当不踢球时，故意阻挡对方球员前进。

阻碍守门员用手将球抛出。

有其他犯规是规则第十二章前未规定的，而停止比赛警告球员或判罚离场。

间接任意球在犯规地点踢出。当犯规地点在罚球区内时，踢间接任意球的地点是在罚球区线上、最接近犯规发生位置的地点。

纪律制裁

可警告的犯规

球员有以下 7 种犯规之一，应被警告并举黄牌：

有非运动精神行为。

用言语或动作表示异议。

连续地违反规则。

延误重新开始比赛。

角球、踢界外球、任意球或掷球门球重新开始比赛时，不踢出规定的必要距离。

未得裁判允许即进场或再进场，或违反替换球员程序。

未得裁判允许即故意离开球场。球员违反上述规则，如果没有其他更严重的犯规，除了警告犯规球员之外，还应判由对方在犯规地点罚一间接任意球。如果犯规地点在罚球区内，则踢间接任意球的地点是在罚球区线上、最接近犯规发生地点的位置。如果没有违反更严重的犯规，该队员只被黄牌警告。

罚令出场的犯规

球员有以下 7 种犯规之一，应被判罚离场并举红牌：

严重犯规。

粗鲁行为。

向对方球员或其他任何人吐口水。

故意用手触球，阻止对方球队进球或失去明显的进球机会（守门员己方罚球区内不受本条文限制）。

利用犯规被判罚任意球或罚球点球，而使正向球门前进的对方球员失去明显的进球机会。

口出无礼、侮辱或漫骂言语。

在同一场比赛第二次被警告。

如果比赛停止，是因为球员犯规被判罚离场，而没有违反其他规则，应判由对方在犯规地点罚一间接任意球。如果犯规地点在罚球区内，则踢间接任意球的地点是在罚球区线上、最接近犯规发生位置的地点。

第 11 章　罚球点球

当球在比赛中，一球队在己方罚球区内，违犯判罚直接任意球的犯规之一，应判一罚球点球。罚球点球的球直接进入球门，可算进球。

上下半场结束或加时比赛的上下半场结束时，可延长比赛时间踢罚球点球。

球和球员的位置

球：

球必须放定在罚球点踢出。
踢罚球点球的球员：
应先明确确认。
守方的守门员：
在球门柱之间的球门线上，面向踢球球员，直到球踢出为止。
踢球球员以外的球员：
在球场内；
在罚球区外；
在罚球点后方或两侧；
距离罚球点至少5米。

程序

主罚球点球的球员向前踢球。
球触及另一球员之前，主罚球员不可第二次触球。
当球向前踢动时，比赛即为开始。
在正常比赛时间踢罚球点球，或是上下半场结束时，延长比赛时间，踢或重踢罚球点球，在球通过两球门柱间及横梁下之前，如果有以下情况，算进球：
球触及一根门柱、两根门柱，或横梁，或守门员，或者几种都碰到。

违规/判罚

守方球员违规：
如果球未进入球门，重踢罚球点球。
如果球进入球门，算进球，不重踢罚球点球。
主罚球员的同队球员违规：
如果球进入球门，不算进球，要重踢罚球点球。
如果球未进入球门，不重踢罚球点球。
踢罚球点球的球员，在球进入比赛之后违规：
应判由对方在违规发生地点，罚一间接任意球。如果违规地点在罚球区内，则踢间接任意球的地点是在罚球区线上、最接近违规发生位置的地点。

第12章 踢界外球

踢界外球是重新开始比赛的一种方法。
踢界外球，不能直接得分。
踢界外球的判定：
当整个球体全部越出边线，无论是在地面或空中，或是球击中天花板。
在球越出边线的地点踢界外球。

由最后触球球员的对方球员踢界外球。
球和球员的位置
球：
球必须静止放在边线上。
向任何方向踢界外球进入比赛。
踢界外球的球员：
在踢球的瞬间，任何一只脚的一部分必须站在边线上或边线外的地面。
守方球队的球员：
在球未踢出之前，距离踢界外球的地点至少 5 米。

程序
主踢球员在得球后 4 秒内，必须踢界外球。
球触及另一球员之前，主踢球员不可第二次触球。
当踢球或触球之后，比赛即为进行。

违规 / 判罚
如果有以下情况，应判由对方球员罚一间接任意球：
在球触及另一球员之前，踢界外球的球员第二次触球。间接任意球在违规发生地点踢出。
如果违规地点在罚球区内，则踢间接任意球的地点是在罚球区线上、最接近违规发生位置的地点。
如果有以下情况，应判由对方球员重新踢界外球：
未依照规则踢界外球。
未在球出线的地点踢界外球。
踢球球员在得球后 4 秒内，未能踢界外球。
任何其他违规。

参考文献

［1］国务院.国家中长期教育改革和发展规划纲要（2010—2020年）［Z］.2010.

［2］国际足联，中国足球协会.国际足联草根足球培训手册［M］.北京：人民教育出版社，2010.

［3］全国青少年校园足球工作领导小组办公室组.全国青少年校园足球示范课教案［M］.北京：北京体育大学出版社，2018.

［4］全国青少年校园足球工作领导小组办公室组.全国青少年校园足球教学指南［M］.北京：北京体育大学出版社，2018.

［5］南尚杰，徐兵，王英梅.小学生校园足球游戏［M］.北京：人民体育出版社，2018.

［6］王君.校园足球［M］.南京：江苏凤凰教育出版社，2016.

［7］姚维国.体育游戏［M］.北京：人民体育出版社，2012.

［8］耿培新.义务教育教师用书体育与健康1-2年级全一册［M］.北京：人民教育出版社，2017.

［9］耿培新.义务教育教师用书体育与健康3-4年级全一册［M］.北京：人民教育出版社，2017.

［10］耿培新.义务教育教师用书体育与健康5-6年级全一册［M］.北京：人民教育出版社，2017.

后 记

广东省中山市实验小学在 2015 年被遴选为全国首批青少年足球特色学校。作为一名一线的体育教师,笔者见证了学校和体育科组全员的努力,感受到了足球运动在校园中的普及和发展,但也发现了校园足球发展中存在的一些问题,如足球普及率仍然偏低、学生的兴趣程度有待提高、学生的足球技术进步较慢、学生的参与率不高等亟须解决的问题,于是便有了进一步挖掘与研究校园足球活动体系、指导体育教师开展校园足球活动的想法和冲动。

幸运的是,在 2017 年,笔者主持的课题《多元化校园足球竞赛体系的校本构建与实践研究》(课题编号为 SXZYB032),被批准为广东省校园足球专项课题。在课题的研究与实践的过程中,笔者发现校园足球不仅需要竞赛体系,还需要各类活动体系。于是,笔者开始对校园足球活动体系进行研究和探索,以实践证明校园足球多元活动体系的构建与应用,以有效促进校园足球的普及和发展。通过对相关资料进行搜集和整理,《校园小足球多元活动体系的构建与应用》一书应运而生。

个人的能力毕竟有限,单凭一己之力无法完成一本高质量的书籍。虽然我无法在此一一列举每一个人的名字,但我仍想要对所有为本项目提供帮助的同事和朋友们表示诚挚的谢意!感谢广东省教育研究院体育教研员肖建忠教授在笔者撰写本书的过程中提出的许多宝贵意见。感谢中山市第一中学李涛教授、中山市华侨中学王世勋教授给予的技术上的指导。感谢中山市实验小学徐铭侃校长的大力支持,在笔者开展课题研究和撰写本书过程中给予的莫大鼓励和帮助。感谢笔者的工作室成员刘菲、蒋建强、温刘军、曹伟智、万丽、徐永岩、杨泽钊老师对本书的概念设计和撰写过程提供的宝贵意见。感谢中山市实验小学体育科组老师们分享的教学理念和撰书想法。感谢施南华、张蓉、沈金霞、王陈念老师在本书修改完善环节给予的重要支持。感谢广东高等教育出版社给予的大力支持与帮助。

本书参阅了有关专著、教材,吸收了其部分观点,借鉴了相关的教研成果(见主要参考书目),在此对相关作者一并表示衷心的感谢。

在撰写的过程中,由于时间仓促,水平有限,难免会出现一些值得商榷、探究的内容和不足之处,恳请读者批评指正。

在此,还要特别感谢笔者人生中挚爱、美丽的妻子熊毓兰,感谢她一直以来对笔者工作的配合和支持,希望她永远健康快乐,并和笔者一样尽情地体会和享受这本书所带来的兴奋感!

杨建民

2019 年 5 月 8 日